BUSSOLE / 442

PSICOLOGIA

1ª ristampa, febbraio 2013
2ª edizione, febbraio 2012
1ª edizione, maggio 2003


Finito di stampare nel febbraio 2013
dalle Arti Grafiche Editoriali Srl, Urbino

ISBN 978-88-430-6245-4



I lettori che desiderano
informazioni sui volumi
pubblicati dalla casa editrice
possono rivolgersi direttamente a:

Carocci editore

Corso Vittorio Emanuele II, 229
00186 Roma
TEL 06 42 81 84 17
FAX 06 42 74 79 31

Visitateci sul nostro sito Internet:
http://www.carocci.it

Simonetta D'Amico Antonella Devescovi

# Comunicazione e linguaggio nei bambini

Carocci editore

*Attribuzioni*
Questo libro è il risultato di un lungo lavoro di collaborazione delle autrici che hanno discusso e condiviso l'ideazione dell'intero volume. La stesura dei capitoli 3 e 6 è comune, mentre la responsabilità dei capitoli 1 e 4 è da attribuire a Simonetta D'Amico mentre quella dei capitoli 2 e 5 è di Antonella Devescovi.

*Ringraziamenti*
Nel ringraziare tutti i colleghi e amici con cui nel corso degli anni abbiamo condiviso ricerche e animate discussioni teoriche e metodologiche, vogliamo dedicare, in particolar modo, questo piccolo contributo alla nostra amica e maestra Elizabeth Bates, che ha accompagnato e ispirato da sempre il nostro percorso di ricerca e tanto ci ha stimolato nelle riflessioni sul linguaggio e sulla vita.

Nota
Il riquadro contrassegnato dalla bussola contiene un approfondimento.

# Indice

# Introduzione

Nei primi tre anni di vita i bambini imparano a usare le parole in modo simile agli adulti: utilizzano i nomi per riferirsi agli oggetti che stanno usando o per chiamare le persone con cui vogliono giocare, gli aggettivi per descrivere le caratteristiche del mondo che li circonda, i propri sentimenti e le proprie sensazioni, i verbi per raccontare quello che stanno facendo o quello che vedono succedere intorno a sé. Questa abilità si manifesta anche nel parlare di oggetti, persone ed eventi che non sono presenti: i bambini già nel terzo anno raccontano infatti esperienze passate, fanno progetti di giochi da eseguire nel futuro, parlano di persone lontane, esprimono desideri, inventano e creano mondi immaginari nei loro giochi.

In che modo i bambini si impadroniscono di un sistema di comunicazione complesso e potente come il linguaggio?

Il libro intende fornire una risposta a tale quesito muovendo dalla convinzione delle autrici che la capacità di linguaggio umana si esprima attraverso un sistema intrinsecamente multimodale, in cui componenti verbali e non verbali co-occorrono nella trasmissione dei significati. In quest'ottica la "costruzione" del linguaggio è il risultato dell'interrelazione di molteplici fattori cognitivi, sociali e comunicativi che intervengono e interagiscono fin dalle prime fasi dello sviluppo del bambino.

Nel preparare questo libro, abbiamo utilizzato i materiali didattici prodotti nei vari anni di docenza in corsi universitari e di formazione, allo scopo di fornire un'introduzione accessibile allo sviluppo delle abilità comunicative e linguistiche nei bambini, presentando un'ampia panoramica, anche se ovviamente non esaustiva, degli studi condotti recentemente per mettere a fuoco i diversi aspetti e le fasi di questo processo. Per colmare eventuali lacune o soddisfare curiosità di lettori più interessati, alla fine del libro è fornito un elenco di letture aggiuntive.

La nuova edizione, pur mantenendo invariata la struttura e la modalità di esposizione dei contenuti, si presenta arricchita dei contributi teorici (CAPP. 1 e 6) e dei risultati di ricerca più aggiornati (CAPP. 2, 3 e 4) pubblicati negli ultimi dieci anni. Nell'ottica di fornire agli operatori indicazioni utili per il lavoro sul campo, è stata aggiunta una tavola sinottica in cui vengono sinteticamente esposti gli strumenti di valutazione del linguaggio e della comunicazione maggiormente utilizzati sia in ambito clinico che in ambito di ricerca (CAP. 5).

Il capitolo 1 apre il percorso introducendo il lettore alla riflessione su comunicazione e linguaggio, mettendo a fuoco gli elementi che caratterizzano l'una e le proprietà distintive dell'altro. Viene inoltre affrontata la controversa questione relativa alla differenza e/o somiglianza del sistema comunicativo umano e animale.

I capitoli centrali accompagnano il bambino nel percorso di costruzione delle abilità comunicative e linguistiche focalizzandosi sull'età prescolare, prima che intervenga un'educazione formale alla lingua scritta e parlata. Nel capitolo 2 viene delineato e analizzato il passaggio dalle quelle prime forme di comunicazione, sorrisi, sguardi e vocalizzi, agli espliciti intenti comunicativi prodotti nel primo anno di vita. Il capitolo 3 descrive la costruzione della parola e dei significati che assume e i differenti usi che i bambini ne fanno in una prima fase, il passaggio a un uso combinatorio di diversi elementi comunicativi, parole e gesti, e quindi la transizione verso la produzione di frasi di complessità variabile.

Nel capitolo 4 viene descritta l'evoluzione linguistica verso forme più complesse nella conversazione e nel discorso. Viene pertanto presa in considerazione l'abilità dei bambini di usare il linguaggio come regolatore sociale per spiegare, discutere e raccontare.

Il capitolo 5 affronta un argomento centrale per tutti coloro che si trovano per motivi professionali a dover valutare lo sviluppo dell'abilità linguistica. Vengono presentati e descritti strumenti e prove di vario tipo usati in ambito sia clinico che di ricerca, sollevando questioni centrali quali la variabilità individuale tra bambini, la diversità dei processi indagati, gli scopi della valutazione.

Nel capitolo 6 vengono infine sollevati i quesiti centrali relativi allo sviluppo del linguaggio e sono discusse le diverse posizioni teoriche assunte in merito dagli studiosi. La scelta di collocare le teorie esplicative a chiusura del volume, anziché in posizione iniziale, come nella maggior parte dei manuali, scaturisce dalla convinzione delle autrici che l'interpretazione di tali posizioni risulta forse più chiara conoscendo in modo abbastanza approfondito il fenomeno che intendono spiegare, permettendo quindi al lettore una riflessione consapevole su di esso.

# 1. Che cosa vuol dire comunicare?

**1.1. Comunicazione e linguaggio** Definiamo *comunicazione* quella fitta rete di scambi di informazioni e di relazioni sociali che coinvolgono ogni essere vivente nella vita quotidiana. La comunicazione ha in sé un aspetto sociale e relazionale, e implicitamente una matrice culturale e una natura convenzionale. Essa infatti si realizza all'interno di un gruppo (natura sociale), costituendone la base dell'interazione e delle relazioni interpersonali (natura relazionale), prevedendo la condivisione di significati e di sistemi di segnalazione e l'accordo sulle regole sottese a ogni scambio (natura culturale e convenzionale) (Anolli, 2006). La capacità di comunicare è frutto di un'esigenza naturale ed è una capacità innata. Uomini e animali la possiedono istintivamente e la realizzano in modi prefissati dal patrimonio genetico della specie a cui appartengono.

**1.1.1. Segni e codici** Ciò che caratterizza gli atti comunicativi è il mettere in relazione due piani: il piano dell'espressione (un gesto, una parola, uno sguardo, un fischio, un fiocco, un disegno, un sapore, un odore, un numero ecc.) e il piano del contenuto (un'idea, un'emozione, una necessità, un'informazione ecc.). I due piani possono essere legati da relazioni di diversa natura. Il filosofo americano Charles S. Peirce (1839-1914) ha distinto tre tipi di possibili relazioni: nei *simboli* la relazione che lega questi due piani è *arbitraria*, cioè non è legata ad alcun elemento di necessità ed è *convenzionalizzata*, ovvero è il frutto di un accordo sociale all'interno di un gruppo, che ne condivide le regole di applicazione e d'uso. Esempi di simbolo sono la parola *treno*, il numero 999, la nota musicale *fa*. Nelle *icone* l'espressione rimanda direttamente all'oggetto di riferimento in virtù della loro stretta somiglianza e talora perfetta identità d'immagine. Sono icone, ad esempio, un segnale stradale con il disegno di un treno, una fotografia, un'espressione onomatopeica come *crì-crì*. Negli *indici* tra espressione e contenuto esiste una relazione di contiguità temporale e/o spaziale. Ad esempio, le espressioni facciali rimandano a stati emotivi che stiamo vivendo in un preciso momento, il dito indice puntato in una certa direzione rimanda all'oggetto che si trova alla fine della traiettoria. La differente natura di queste relazioni riporta a una diversa complessità dei contenuti che veicolano: gli indici si riferiscono solamente al "qui e ora" della comunicazione, le icone sono più complesse in quanto la loro comprensione richiede il riconoscimento di una somiglianza, infine i simboli permettono di riferirsi a contenuti astratti: eventi passati o futuri, oggetti non presenti, sentimenti, desideri, credenze. Simboli, icone e indici fanno parte, per Peirce, del sistema dei *segni*; diversamente, altri autori assegnano tale status unicamente ai simboli, enfatizzando le caratteristiche di arbitrarietà, convenzionalità e astrattezza che li distinguono. La *semiotica* è la scienza che studia i sistemi dei segni, cioè i codici. Peirce e il linguista Ferdinand de Saussure (1857-1913) ne sono considerati i veri fondatori. Un'altra figura importante è Thomas A. Sebeok, fondamentale soprattutto per lo sviluppo della semiotica animale (zoosemiotica) e della semiotica del vivente (biosemiotica), discipline oggi molto vitali soprattutto tra i biologi evoluzionisti. I *codici* stabiliscono le corrispondenze tra espressione e significato dei segni e le regole di combinazione, permettendo la trasmissione di un messaggio (comunicazione) tra due individui che ne condividono la conoscenza. Il modello di comunicazione, secondo lo schema originario di Jakobson (1966), prevede sei elementi fondamentali: 1. *emittente*, colui che invia il messaggio; 2. *ricevente*, chi riceve il messaggio; 3. *canale*, il mezzo fisico che permette al messaggio di passare dall'emittente al ricevente; 4. *messaggio*, ciò che si comunica; 5. *codice*, l'insieme delle regole che emittente e ricevente stabiliscono per attribuire a un segno o a un insieme di segni un dato significato; 6. *referente*, l'entità (oggetto reale o immaginario, concetto, idea, evento) cui si riferisce il messaggio. Con *competenza comunicativa* ci si riferisce all'insieme di conoscenze e regole che ogni individuo deve possedere per poter essere inserito in una comunità di cui condivide gli specifici codici comunicativi. Un ulteriore elemento che entra a far parte del sistema di relazione è il *contesto*, ossia la situazione generale in cui la comunicazione ha luogo. Uno degli aspetti su cui influisce il contesto è la scelta del codice da utilizzare per comunicare: in un ambiente buio difficilmente potremo adoperare un sistema di segni di tipo visivo, a patto di non scegliere un sistema luminoso, ma ne privilegeremo uno sonoro. Non tutti i simboli e i segni vengono prodotti a fini comunicativi. Caratteristica fondamentale di ogni sistema di comunicazione è l'*intenzionalità*, cioè la volontà di trasmettere informazioni. Ad esempio, la febbre è un sintomo di uno stato patologico nell'organismo, sicché potremmo considerarlo (e nel linguaggio ordinario di fatto lo facciamo) un "segno della malattia", ma non c'è alcuna intenzionalità nell'associazione febbre-malattia. Ciò vale anche per le orme lasciate su un terreno bagnato da un animale: mentre possiamo sicuramente sostenere che di là è passato un cervo, non pensiamo che lo stesso le abbia lasciate lì intenzionalmente proprio per noi. Manifestare la febbre o lasciare un'orma su un terreno non sono atti comunicativi. Viene definito da alcuni autori "atto comunicativo" la più piccola unità suscettibile di essere parte di uno scambio comunicativo, che un individuo può produrre con un'unica e precisa intenzione. Può essere costituito da suoni, parole, gesti, combinazioni di più elementi verbali e non verbali (Zani, cit. in Grazzani Gavazzi, Calvino, 2000). Gli elementi costitutivi di tale atto sono l'intenzione comunicativa e il contenuto del messaggio (referente) che i partecipanti alla comunicazione possono condividere grazie alla conoscenza del codice attraverso cui il messaggio è trasmesso. Come si vedrà nel capitolo 2, nello sviluppo comunicativo e linguistico del bambino si osserva un passaggio da un uso non intenzionale a un uso pienamente intenzionale dei diversi segni comunicativi di cui il piccolo dispone solo attorno ai 9 mesi. Fino ad allora tutti i segnali da lui prodotti (pianto, sorriso, vocalizzi) sono in realtà o manifestazioni di stati fisiologici o risposte associate a stimoli esterni. Il valore comunicativo in questi primi segnali è in realtà il frutto delle interpretazioni, spesso corrette, di chi si muove attorno a lui.

**1.1.2. Linguaggio e lingua** Il linguaggio, nella sua accezione più generale, può essere inteso come un sistema simbolico di comunicazione, ossia come un sistema in cui l'informazione che passa tra un emittente e un destinatario è codificata in modo simbolico. Ancora più astrattamente e in generale, il linguaggio può essere inteso come la facoltà di comunicare simbolicamente. Introduciamo la distinzione tra lingua e linguaggio: con il primo termine ci si riferisce a un sistema simbolico astratto e socialmente determinato (la lingua italiana, la lingua inglese, la lingua cinese ecc.), mentre con il secondo ci si riferisce alla capacità cognitiva che ci consente di usare una lingua. Saussure sosteneva che «la lingua è un prodotto sociale della facoltà di linguaggio e nello stesso tempo un insieme di convenzioni necessarie adottate dal corpo sociale per permettere l'esercizio di questa facoltà presso gli individui. Le lingue naturali parlate dalle società non esistono come oggetti indipendenti dalle comunità che le usano» (cit. in Tabossi, 1999, p. 12). Anche se concettualmente distinti nell'uso,

**Alcune definizioni di "linguaggio" e "lingua"**

«La lingua è un metodo puramente umano e non istintivo per comunicare idee, emozioni e desideri attraverso un sistema di simboli volontariamente prodotti» (Sapir, cit. in Lyons, $1987^3$, p. 5).

«Una lingua è un sistema di simboli vocali arbitrari attraverso il quale un gruppo sociale coopera» (Block, Trager, ivi, p. 6).

«La lingua è l'istituzione per mezzo della quale gli esseri umani comunicano e interagiscono mediante simboli fonico-uditivi arbitrari abitualmente usati» (Hall, ivi, pp. 6-7).

«[...] lingua un insieme (finito o infinito) di frasi ciascuna di lunghezza finita e costruita a partire da un insieme finito di elementi» (Chomsky, $1980^3$, p. 13).

«[...] linguaggio , cioè la facoltà innata per gli esseri umani di saper usare una lingua» (De Mauro, $2002^8$, p. 111).

«[...] nozione intuitiva di linguaggio [...] la facoltà di associare due diversi ordini di entità: l'ordine dei contenuti mentali, che di per sé soli non hanno alcun mezzo per manifestarsi ad altri, essendo per loro natura interni; e l'ordine delle realtà sensoriali che permettono ai contenuti mentali di manifestarsi all'esterno» (Simone, 2005, p. 7).

spesso i due termini non vengono chiaramente differenziati. Nel riquadro di approfondimento alla pagina precedente, per sottolineare il grado di interscambiabilità con cui i due termini vengono utilizzati, sono riassunte alcune definizioni fornite da diversi autori. La capacità di usare simboli, segni linguistici, per comunicare è legata, da un punto di vista psicologico, alla capacità di rappresentarsi nella mente la realtà esterna. Ad esempio, la parola "cane" della lingua italiana non fa riferimento direttamente all'animale, ma alle conoscenze che noi abbiamo su di lui (mammifero, quadrupede, ricoperto di pelo, che abbaia), cioè a una rappresentazione. La comunicazione linguistica si attua quando il ricevente ricostruisce nella propria mente la rappresentazione mentale dell'emittente. La capacità rappresentazionale è un altro dei punti di discussione nel dibattito relativo alla natura della comunicazione umana e animale.

**1.2. I modi della comunicazione** All'interno della comunicazione non verbale è compreso un insieme eterogeneo di processi comunicativi che vanno dalle qualità paralinguistiche della voce alla mimica facciale, ai gesti, allo sguardo, alla prossemica (organizzazione, percezione e uso dello spazio), all'aptica (l'insieme di azioni di contatto corporeo con un altro) e alla cronemica (relativa a percezione e uso del tempo nelle attività). Sebbene negli ultimi anni anche questi aspetti della comunicazione abbiano ricevuto un crescente interesse da parte di studiosi e ricercatori, siamo ancora lontani dall'avere a disposizione un quadro teorico di riferimento largamente condiviso. Uno degli aspetti valutati è la relazione tra comunicazione verbale e comunicazione non verbale. Il problema posto è se il destinatario di un messaggio si affidi nel suo atto interpretativo, oltre che al codice linguistico, anche alla serie di segnali non verbali prodotti dal parlante come quello vocale, quello cinesico, quello prossemico e quello cronemico. Ognuno di questi sistemi concorre alla generazione e all'elaborazione del significato di un atto comunicativo, producendo una specifica porzione di significato che partecipa alla configurazione finale del significato medesimo (Anolli, 2006). Faremo ora riferimento a qualche esempio di comunicazione non verbale selezionandolo tra quelli utilizzati dal bambino nel suo primo sviluppo comunicativo e linguistico e oggetto di specifico approfondimento nei capitoli successivi.

**1.2.1. Prosodia** Nel sistema vocale, oltre la parola che ne costituisce la manifestazione primaria, sono altresì riconoscibili altri elementi definiti "soprasegmentali", come l'intonazione, il tono, il ritmo e l'intensità della voce. Sono proprio queste le caratteristiche che ci consentono di riconoscere una voce familiare da una sconosciuta, una voce artificiale da una naturale, un giovane da un anziano, sono un po' una carta d'identità di chi sta parlando. Alcune di queste caratteristiche – come il profilo dell'intonazione, il tempo e le pause – sono elementi fondamentali per l'interpretazione corretta di un significato. Si pensi agli enunciati "Luigi mangia.", "Luigi, mangia!", "Luigi mangia?", le cui intenzioni comunicative costituiscono rispettivamente un'asserzione, un'esortazione o comando, e una domanda. Nella scrittura trovano una codifica in segni particolari, rispettivamente il punto fermo, l'esclamativo e l'interrogativo, mentre nel parlato sono realizzate attraverso tratti prosodici distintivi. Moneglia e Cresti (1997) a questo proposito si riferiscono al principio di "costanza percettiva del pattern tonale", per cui ogni parlante di una lingua riesce a riconoscere in modo costante l'identità di un profilo di intonazione. Lo studio degli aspetti prosodici del linguaggio applicati allo sviluppo del bambino, come si vedrà nel prossimo capitolo, ha consentito di rilevare, da una parte, che i bambini sono sensibili fin dalla nascita alle caratteristiche intonazionali della lingua e, dall'altra, che essi stessi in seguito se ne servono nelle prime produzioni per esprimere le loro intenzioni.

**1.2.2. Sorriso e sguardo** Così come per la voce, anche attraverso i movimenti del corpo, del volto e degli occhi aggiungiamo significati alle nostre comunicazioni (sistema cinesico). È attraverso le espressioni che assumiamo e che manifestiamo sul nostro volto che esprimiamo dubbi o certezze, emozioni (come paura, felicità oppure ostilità) oppure sentimenti di attrazione o repulsione. Ekman e

Friesen (cit. in Anolli, 2006) hanno elaborato un sistema di codifica e classificazione di tutti i movimenti facciali visibili in riferimento alle componenti anatomofisiologiche che li ha condotti a individuare 44 unità di movimento mediante le quali è possibile analizzare oltre 7.000 espressioni facciali. Ad esempio, gli stessi autori hanno riscontrato 19 configurazioni diverse di sorriso. Il sorriso riconosciuto come espressione universale di un'esperienza di gioia è presente nei bambini sin dalla nascita. Come vedremo nel dettaglio nel capitolo 2, nella prima fase i sorrisi sono risposte fisiologiche a stati interni. Solo a partire dai 3 mesi i sorrisi del bambino esprimono una vera emozione: il bambino che sorride al suo giochino segnala un'emozione di piacere. Il volto e la voce umani diventeranno in seguito i principali fattori scatenanti di questa emozione. Il bambino sorride all'adulto spontaneamente o in risposta, si basa sul sorriso dell'adulto per interpretare il mondo: appare evidente la base sociale di questo comportamento, che viene usato dagli adulti e dai bambini non solo come regolatore sociale ma anche come strumento informativo. Come il sorriso, lo sguardo assume una funzione molto rilevante nella comunicazione non verbale; in particolare, il contatto oculare consente l'instaurarsi di qualsiasi tipo di relazione interpersonale sia positiva che negativa. Degli sguardi sono stati studiati intensità, durata e direzione in funzione dei diversi contesti. Ad esempio, all'interno delle conversazioni assumono la funzione di regolatori di turno: con uno sguardo si segnala la disponibilità ad attivare una conversazione, o all'interlocutore l'invito a un intervento. Gli sguardi variano poi in funzione del grado di intimità con le altre persone (maggiore frequenza di sguardi con un familiare piuttosto che con estranei), del genere (le donne guardano di più e più a lungo degli uomini), della modalità (sguardi di natura espressivo-relazionale e sguardi di natura informativo-strumentale), delle emozioni sottostanti (alla gioia sono associati contatti oculari frequenti mentre disgusto, vergogna o imbarazzo implicano l'abbassamento e il distogliersi dello sguardo). Infine, le differenze culturali controllano fortemente gli usi di questa modalità comunicativa: in alcune società uno sguardo prolungato assume il significato di sfida, mentre in altre questo segnale è interpretato con un valore di sincerità, fiducia e interesse. Il bambino fa un uso speciale di questo segnale. La sua capacità di seguire, interpretare e riferirsi allo sguardo dell'adulto è un'abilità che si sviluppa nel primo anno di vita. Il bambino impara a seguire lo sguardo degli adulti traendone informazioni sul mondo che lo circonda. Lo sguardo e la capacità di seguire la direzione dello sguardo dell'adulto rappresentano le basi per il raggiungimento della condivisione dell'attenzione su un oggetto di riferimento, aspetto fondamentale di un atto comunicativo.

**1.2.3. Gesti** L'insieme eterogeneo e diversificato dei gesti e lo studio delle funzioni che essi svolgono non hanno ancora avuto una classificazione e categorizzazione condivisa tra i diversi studiosi. Tale diversità si verifica in primis nella definizione stessa di gesto. Infatti, mentre per alcuni il gesto definisce un insieme di movimenti articolati che produciamo sia con il corpo che con le mani, da noi prodotti sia in accompagnamento con parole e frasi sia in loro assenza, e anche movimenti spontanei che si manifestano mentre si parla (Anolli, 2006), altri restringono questa definizione «a quell'insieme di movimenti o gesticolazione delle mani che accompagnano il parlato» evidenziandone la funzione «simbolica e semiotica» e sottolineando «una certa sequenzialità con le parole» (Kendon, cit. in McNeill, 2000, p. 49). Dello stesso avviso è McNeill (ivi, p. 11), che definisce un gesto come «un movimento delle braccia e delle mani in uno spazio riservato alle espressioni simboliche». Questi autori condividono però tutti la continuità funzionale tra gesto e parola, espressa – secondo Kendon – dalla compresenza di gesto e parole durante le conversazioni spontanee. La funzione dei gesti non sarebbe quindi quella di accompagnare la parola, senza alcuna utilità se non addirittura con ridondanza, bensì quella di aggiungere significato alle parole specificandone il contenuto semantico.

Vengono distinti anche i diversi ruoli e funzioni di gesti *convenzionali* e gesti *non convenzionali*. Tra i primi rientrano tutti i gesti che seguono uno standard, il cui significato è codificato e condiviso da una o più culture (il gesto "ok"); hanno un significato globale e per questo possono avere valore anche se usati da soli. Sono molto antichi, e alcuni esistono da millenni, anche se nel corso del tempo possono acquisire nuovi significati. I gesti non convenzionali vengono creati in modo personalizzato e individuale da un parlante in sincronia con le proprie parole: non avendo alcun significato standard non esiste codifica sociale. Per Kendon questi gesti sarebbero connessi alla parola in modo diverso rispetto ai gesti convenzionali: non esprimendo un ruolo autonomo e globale, avrebbero infatti il compito di accompagnamento e di aggiunta, agendo come un ampliamento a livello visuospaziale del linguaggio verbale. Gesti e parola, dunque, costituiscono nella comunicazione adulta un complesso sistema intermodale di trasmissione dei messaggi. Quando i bambini cominciano a comunicare intenzionalmente utilizzano proprio il canale gestuale e, come negli adulti, movimenti delle mani e produzione dei suoni si accompagnano fin dall'inizio, sostenendosi a vicenda nella costruzione dei messaggi.

**1.3. Noi e gli altri animali** Oltre all'uomo, anche altre specie animali comunicano tra loro con diversi gradi di articolazione ed efficienza. Non vi è accordo su quale relazione vi sia fra comunicazione animale e umana. La controversia si può riassumere in due posizioni opposte: l'*antropocentrismo*, che enfatizza le discontinuità nei sistemi comunicativi umani e animali, e l'*antropomorfismo*, che al contrario ne sottolinea le somiglianze. All'interno di questo dibattito, molti autori si sono chiesti se il linguaggio sia un fatto specificamente umano, cioè se i sistemi di comunicazione usati dalle altre specie siano o no linguaggi. Hart (1998, p. 25) ritiene che anche a tale proposito gli scienziati moderni si dividano in due categorie:

> Una sostiene che il linguaggio umano abbia poche analogie con la comunicazione animale e non vuole che si utilizzi la parola linguaggio per descrivere quest'ultima. Questi studiosi, tra cui vi sono molti linguisti, definiscono il linguaggio sulla base di alcune caratteristiche peculiari come la creatività, la presenza di regole e il tipo e la varietà dei contenuti espressi. L'altra categoria controbatte che, come il linguaggio umano, la comunicazione animale va dal semplice al molto complesso, alla stregua di tutti gli altri caratteri [...] le differenze tra il linguaggio umano e quello animale riguardano il livello e sono più piccole di quanto non si creda.

Intuitivamente, le specie più vicine a noi dovrebbero in modo maggiore condividere il possesso di un linguaggio simile al nostro, anche se sono stati individuati complessi sistemi di comunicazione negli insetti, nell'evoluzione del canto di alcuni uccelli, nei canti delle balene e nei fischi dei delfini.

**1.3.1. Comunicazione tra i primati** Gli studi condotti su diverse specie di primati osservati sia nel loro habitat naturale sia in cattività hanno aggiunto moltissime conoscenze utili alla comprensione della natura della comunicazione animale. La percezione umana del linguaggio si basa sull'elaborazione rapida delle caratteristiche temporali dei suoni (durata, intervallo, accentazione, altezza, ordine): questa elaborazione delle vocalizzazioni che consente di distinguere diversi tipi di suoni è esclusiva dell'uomo? Gli studi sui macachi giapponesi dimostrano che anche questa specie usa i tratti temporali per distinguere vari tipi di richiamo: traendo informazione dalla struttura acustica, i macachi distinguono richiami di soggetti adulti da richiami di cuccioli isolati. Questa specie possiede, come quella umana, un meccanismo specializzato che identifica le vocalizzazioni sulla base di caratteristiche temporali. Molte vocalizzazioni dei primati indicano referenti specifici: possono essere riferite al territorio, a relazioni sociali o alla presenza di un pericolo. L'intensità e la durata dei richiami possono riferire anche la localizzazione del cibo e la sua quantità, l'identità dei predatori e dei membri del proprio gruppo. È il caso dei cercopitechi verdi, che hanno sviluppato un sistema distinto di allarme per segnalare la presenza di tre diversi predatori (il leopardo, l'aquila e il serpente). Così, quando questi segnali vengono emessi, le scimmie salgono sugli alberi, oppure guardano in alto o, nel caso del serpente, restano in piedi guardandosi attorno. Secondo Seyfarth e Cheney (1990), questa sarebbe una forte evidenza della capacità referenziale dei cercopitechi verdi. Nei macachi Rhesus è stato documentato un sistema complesso di richiami, che indicano le diverse tipologie di cibo trovate, e di risposte differenziate a tali richiami. Questo fa ritenere che le scimmie abbiano sviluppato rappresentazioni interne dei diversi tipi di cibo e le abbiano categorizzate in richiami che presentano tratti acustici differenti. Il Rhesus sarebbe in grado, nel momento in cui percepisce un richiamo, di formarsi rappresentazioni sulla base delle caratteristiche del segnale acustico: tipo di cibo, contesto attuale, identità e stato emotivo di chi ha emesso il richiamo. Questa capacità dei macachi Rhesus indicherebbe l'esistenza di somiglianze sostanziali con la funzione referenziale del linguaggio umano, supportando l'interpretazione che vede questa facoltà lungo un continuum fra umani e primati. Un'ulteriore evidenza in questa direzione viene sempre da questi macachi, in particolare dagli studi sulla morfologia e sulla funzionalità cerebrale. Nelle scimmie come negli umani si evidenzia una specializzazione dell'emisfero sinistro per l'elaborazione dei richiami dei propri simili, specializzazione non presente dalla nascita ma che avverrebbe nel corso dello sviluppo. Questi dati fanno supporre una certa continuità evolutiva tra alcune capacità umane relative al linguaggio e le analoghe capacità dei primati non umani.

### 1.3.2. Tentativi di insegnamento della lingua umana ai primati

Un altro modo per indagare la relazione tra linguaggio umano e linguaggio animale è quello di verificare la possibilità per alcune specie di apprendere una lingua umana. È questa una linea di ricerca che risale ai primi esperimenti condotti negli anni trenta dai coniugi Kellogg, che tentarono di insegnare l'inglese parlato al piccolo Gua, uno scimpanzé che avevano allevato assieme al loro figlioletto Donald. Nonostante le amorevoli cure e attenzioni riservate a Gua (fu allevato come un vero piccolo umano, indossava pannolini, dormiva in una culla ecc.), l'esito di questo esperimento fu che solo il piccolo Donald imparò a parlare. Tra gli anni quaranta e cinquanta un'altra coppia tentò di replicare l'esperimento: i coniugi Hayes allevarono nella loro casa Wikki, uno scimpanzé. Al contrario di Gua, che non aveva ricevuto alcun allenamento particolare, Wikki fu sottoposta a un'istruzione formale al linguaggio, ma dopo sei anni di sforzi tenaci era in grado di produrre approssimativamente i suoni per mamma, papà, tazza e su. Questi tentativi di insegnare agli scimpanzé a parlare con la voce fallirono per insufficienze proprie degli organi vocali: è

oggi infatti evidente che le scimmie hanno un apparato vocale che rende impossibile la produzione linguistica. I tentativi successivi furono quindi indirizzati a insegnare alle scimmie alcune forme di lingue segnate, prodotte cioè attraverso l'uso delle mani, come l'ASL (American Sign Language, la lingua usata dalla comunità dei sordi americani) nella sua forma completa o in altre semplificate. I coniugi Gardner nel 1966 per primi tentarono questo esperimento con una piccola scimpanzé. Washoe fu immediatamente esposta all'ASL sia in casa, dove viveva, sia all'esterno, con tutte le persone con cui veniva in contatto. Washoe ricevette un esplicito insegnamento dell'ASL sia modellando direttamente le sue mani nella conformazione richiesta dal segno, sia attraverso ricompense agli usi corretti delle diverse forme. Dopo quattro anni di addestramento Washoe aveva imparato 132 segni, che riusciva a combinare in strutture contenenti al massimo 5 costituenti. Un risultato simile fu ottenuto da Patterson, che nel 1972 allevò e istruì una piccola gorilla, Koko. Koko e Patterson sono divenuti celebri in tutto il mondo, hanno partecipato a famosi programmi televisivi e sono state loro dedicate le prime pagine di molte riviste specialistiche e di divulgazione. Sia i Gardner che Patterson hanno sostenuto che i loro animali avevano imparato una lingua umana e che non solo Koko comprendeva tutto ciò che le veniva detto ma era in grado di comunicare attraverso i segni il proprio modo di vedere il mondo.
Esperimenti successivi portarono a rivedere la forza di queste affermazioni. Herbert Terrace della Columbia University nel 1979 diede vita a un progetto denominato *Nim Chimpsky*, con un'evidente allusione al noto linguista Noam Chomsky. Terrace e i suoi collaboratori allevarono e insegnarono a Nim, uno scimpanzé maschio, l'ASL seguendo le identiche modalità usate dai Gardner e da Patterson (insegnamento formale, premi per i successi, ambiente linguistico costante). I risultati ottenuti furono gli stessi: Nim come Washoe apprese circa 100 segni che usava anche in combinazione. Ma un esame più accurato delle frasi e delle circostanze in cui i segni venivano prodotti rivelò interessanti differenze tra l'acquisizione di Nim e quella di un bambino. Ad esempio, mentre nei bambini l'ampliamento del vocabolario porta a creare frasi più lunghe, Nim produceva

sequenze di segni di lunghezza costante e molto brevi (oscillando tra 1.1 e 1.6 LME – lunghezza media dell'enunciato). Anche le produzioni più lunghe risultarono essere in realtà ripetizioni di stessi elementi ("Give orange me give eat orange me eat orange give me eat orange give me eat orange give me you", dà arancia me dà mangiare arancia me arancia dà me mangiare ecc.). Inoltre le produzioni di Nim erano quasi sempre risposte a domande o seguivano frasi prodotte precedentemente dallo sperimentatore: il 90% delle frasi era costituito da ripetizioni o da riduzioni o espansioni di quelle prodotte da un altro soggetto. Le differenze riguardavano non solo il tipo di frasi e parole, che appariva molto ristretto, ma anche le capacità conversazionali: Nim, ad esempio, spesso produceva segni mentre il suo istruttore segnava, violando quelle regole conversazionali sull'alternanza tra i parlanti che un bambino di 2 anni è già in grado di seguire. Terrace analizzò quindi i video delle apparizioni televisive di Washoe e Koko riscontrando le stesse caratteristiche rilevate nella lingua di Nim. Altri interessanti tentativi di insegnare una lingua agli scimpanzé sono stati effettuati utilizzando lingue artificiali. David Premarck insegnò a Sarah un sistema di comunicazione basato sull'uso di alcuni oggetti metallici codificanti parole diverse (un triangolo blu stava per banana, un quadratino rosa per mela ecc.) che potevano essere associati seguendo alcune regole. Sarah imparò un centinaio di segni in diverse combinazioni ma li usava solamente in condizioni di test. I coniugi Rumbaugh proseguirono in questa direzione mettendo a punto una nuova più complessa lingua artificiale da utilizzare con le loro scimmie: lo *Yerkish*, dal nome dello Yerkes Primate Center di Atlanta dove avevano luogo gli esperimenti. In questa lingua i simboli sono rappresentati da disegni geometrici astratti associati a uno specifico significato, i lessigrammi sono disposti su una tastiera di computer in modo che a ogni tasto corrisponda un unico simbolo: digitando i tasti uno alla volta o in combinazione, i simboli appaiono sullo schermo. Il dispositivo è collegato a un altro computer da cui gli sperimentatori possono rispondere. La novità di tale procedura risiede nella possibilità di valutare l'uso spontaneo di questa lingua da parte della scimmia, sia per produrre richieste sia per comprendere le risposte eliminando la possibilità di inferire parte dei significati dai comportamenti degli sperimentatori. Lana e altri scimpanzé appresero a usare questo sistema dimostrando anche di saper adoperare produttivamente alcune regole, ma la loro capacità di comprensione rimase sempre molto bassa, specialmente se confrontata con quella di un bambino (Savage-Rumbaugh *et al.*, 1993). Una delle spiegazioni di questo successo solo parziale è stata attribuita alla non naturalezza della situazione sperimentale: Lana viveva sempre in laboratorio, era quasi sempre sola e soprattutto non aveva nessuno con cui fosse realmente motivata a comunicare. Era stata quindi eliminata la parte essenziale del linguaggio, cioè la dimensione sociale di comunicazione di pensieri, emozioni e sentimenti. Le fasi successive del progetto privilegiarono quindi la dimensione emotiva e sociale del linguaggio. Kanzi, un piccolo bonobo (*Pan paniscus*, una specie filogeneticamente più vicina all'uomo rispetto allo scimpanzé), fu educato fin dalla nascita assieme a sua madre, Matata, all'uso dello *Yerkish*. L'insegnamento avvenne in modo più naturale, senza ricompense né particolari addestramenti. I risultati furono rapidi e molto positivi: Kanzi iniziò a usare la tastiera spontaneamente e frequentemente, inoltre durante una conversazione tra gli sperimentatori riconobbe una parola che poi riprodusse sulla tastiera. I risultati di questi studi sembrano confermare che le scimmie, per quanti progressi possano fare, non raggiungono mai le abilità linguistiche di un bambino di 4 anni e che il loro percorso di apprendimento è molto più lungo e faticoso di quello dei bambini.

**1.3.3. Perché le scimmie non possono apprendere una lingua?** Che cosa rende speciale l'uomo tanto da essere l'unico animale a possedere una lingua articolata? Che cosa rende impossibile agli scimpanzé l'apprendimento di una lingua umana? Ovviamente sono state date risposte spesso differenti e contraddittorie a questi interrogativi, ma su un punto sembra esserci un grande accordo: il problema non risiederebbe nella mancanza di intelligenza. Le osservazioni condotte su primati sia nel loro ambiente naturale sia in cattività suggeriscono che questi animali sono molto intelligenti e che in alcuni compiti producono comportamenti simili a quelli umani: fanno uso di strumenti, sono in grado di apprendere concetti e di risolvere problemi. Quale può essere quindi il motivo di un tale insuccesso nell'apprendimento della lingua?

Savage-Rumbaugh e Lewin (1994) suggeriscono che la causa potrebbe risiedere nella loro limitata abilità nel produrre un numero consistente di suoni e segni differenti. L'esiguità del repertorio dei mezzi espressivi ha impedito a questa specie di inventare e utilizzare una lingua che sarebbe molto simile alla nostra, sebbene con ogni probabilità considerevolmente più semplice.

Tomasello (2009) osserva che la capacità comunicativa dei primati viene largamente sottovalutata perché la maggioranza degli studi si è concentrata sulle "esibizioni" vocali che, come per tutti i mammiferi, sono risposte emotivamente urgenti e non volontarie, risultate evoluzionisticamente adattive a situazioni specifiche, prodotte in modo indiscriminato e senza attenzione ai potenziali destinatari. Viceversa, la comunicazione gestuale delle grandi scimmie antropomorfe (bonomo, orango, gorilla, scimpanzé) risulta dotata di gran parte delle caratteristiche della comunicazione umana: è infatti intenzionale, attenta al destinatario, ai suoi scopi e alle sue percezioni e i gesti utilizzati sono caratterizzati da un certo grado di convenzionalità (segnali ritualizzati). La differenza quindi con la comunicazione umana sarebbe dovuta alla mancanza di specifiche abilità socio-cognitive, in particolare l'autore si riferisce all'abilità cooperativa della specie umana, resa possibile dalla capacità di attribuire agli altri stati mentali interni.

Ciò che mancherebbe dunque alle grandi scimmie sarebbe la capacità di "leggere" la mente degli altri, disposizione sociale che contribuisce in modo determinante allo sviluppo del linguaggio.

Altra caratteristica del linguaggio umano è il suo essere simbolico: i simboli linguistici sono convenzioni sociali attraverso le quali un individuo cerca di condividere con un suo simile l'attenzione, o un altro stato mentale, verso qualcosa del mondo esterno o interno. Le altre specie animali non comunicano usando simboli linguistici perché non comprendono che i propri conspecifici possiedono stati interni che possono essere modificati o condivisi. Più sempli-

cemente, i segnali animali sono mirati ai comportamenti o agli stati motivazionali degli altri, mentre i simboli umani sono mirati all'attenzione e agli stati mentali degli altri. È proprio questa dimensione mentale che fornisce ai simboli linguistici quella potenza comunicativa non riscontrabile in altri sistemi, consentendo loro di essere usati per *riferirsi a* e per *parlare di* tutte le differenti prospettive su oggetti, eventi e situazioni che si incontrano nel mondo circostante. Infine, ulteriore differenza è che la comunicazione umana linguistica è *grammaticale*. Gli umani usano i loro simboli combinandoli insieme per mezzo di regole condivise che consentono di costruire messaggi diversi. Tale abilità dipende da una varietà di processi generali, cognitivi e sociali, che si riflettono sulla comunicazione delle persone e sull'apprendimento reciproco. Karmiloff e Karmiloff-Smith (2002), pienamente in accordo con Tomasello, osservano che le altre specie non emettono mai suoni per fini puramente interattivi, bensì che i richiami sono prodotti per ottenere un certo risultato o comportamento, quindi esclusivamente con una funzione strumentale mai dichiarativa. Non sono cioè mai prodotti semplicemente per il piacere di informare o di commentare. Inoltre le altre specie non sembrano mai riferirsi al passato, al futuro o all'ipotetico, la loro comunicazione è completamente legata al qui e ora, al contesto immediato in cui si svolge. La seconda differenza anche per Karmiloff e Karmiloff-Smith risiederebbe nella struttura grammaticale del linguaggio umano che consente, attraverso l'applicazione di poche regole, lo strutturarsi all'infinito di parole e frasi per veicolare informazioni sempre diverse.
Terrence W. Deacon (2001) individua nella relazione linguaggio-cervello la specificità umana. Linguaggio e cervello sarebbero il frutto di una coevoluzione che ha determinato lo sviluppo della specie umana. In un recente approfondimento sulla natura del linguaggio Hauser, Chomsky e Fitch (2002) ribadiscono la caratteristica distintiva del linguaggio, ossia la ricorsività (definita da Chomsky come la capacità di generare da un numero finito di elementi un infinito numero di combinazioni), attribuendone l'esclusività alla specie umana. La novità di questo lavoro è che tale tratto non riguardereb-

be soltanto il linguaggio ma anche altri domini cognitivi (il sistema numerico, la navigazione e le relazioni sociali).

**1.4. Le componenti della lingua umana** In base alle riflessioni condotte fino a questo punto, possiamo affermare che le lingue umane sono sistemi di comunicazione basati su segni, in cui la relazione tra piano dell'espressione e piano del significato è arbitraria e convenzionale. Queste caratteristiche sono condivise da altri codici e anche dai sistemi di comunicazione di altri animali. Nell'intento di comprendere la differenza tra questi codici, Charles Hockett ha proposto una lista di ben 16 tratti costitutivi largamente accettati e riconosciuti come criteri sui quali operare i confronti. Sono caratteristiche quali la produttività, la composizionalità, la doppia articolazione e la ricorsività a differenziare il codice linguistico dagli altri codici. Questo sistema è infatti estremamente produttivo e creativo in quanto consente di comporre un numero pressoché infinito di messaggi combinando, sulla base di poche regole specifiche, un numero ristretto di elementi. Questa possibilità combinatoria si attua su due livelli (per questo motivo tale proprietà viene definita "doppia articolazione"): un livello è costituito da unità prive di significato, i suoni (seconda articolazione), che combinandosi tra loro danno luogo a unità superiori dotate di significato (prima articolazione). Queste ultime andranno a formare le frasi. Ad esempio, i suoni /p/, /a/, /n/, /e/ presi isolatamente non hanno alcun significato, ma se combinati in un certo ordine danno vita a una parola della lingua italiana come *pane* o, se si cambia l'ordine, a un'altra parola come *pena*. Queste parole a loro volta sono presenti in altre espressioni di diversa lunghezza come: *il pane*, *il pane bianco*, *mangio il pane bianco*, *Pane? No, grazie*. E ancora, da questa parola possiamo derivarne altre: *panettiere*, *paniere*, *impanare* ecc. Vediamo in sintesi alcuni elementi delle diverse componenti principali che caratterizzano le lingue umane.

**1.4.1. La fonetica e la fonologia** Lo studio dei suoni linguistici può essere diviso in due sottocampi: fonetica e fonologia. La fonetica è lo studio dei suoni linguistici intesi come eventi fisici e psicologici (foni). Essa comprende un vasto campo di ricerche sulle proprietà acustiche del linguaggio e sul rapporto fra tali caratteristiche acustiche e il modo in cui l'essere umano percepisce e ha esperienza del linguaggio stesso. Comprende, inoltre, lo studio del modo in cui i suoni linguistici vengono prodotti dall'apparato fonoarticolatorio umano. La fonologia invece si occupa delle rappresentazioni astratte e delle regolarità dei suoni linguistici (fonemi): «Un fonema è un'unità a cui i parlanti attribuiscono un valore distintivo la cui funzione è fondamentalmente quella di distinguere una parola da un'altra» (Bonvino, cit. in Orsolini, 2000, p. 164). Se si analizzano questi suoni da un punto di vista fonetico, sulla base di tutti quelli che possono essere prodotti dall'apparato fonatorio umano, otteniamo circa 600 possibili contrasti sonori che possono essere utilizzati dalle lingue. Tuttavia, la maggior parte delle lingue umane non usa più di 50 contrasti per costruire le parole. I suoni che risultano rilevanti per formare e distinguere le parole di una lingua vanno a costituire il repertorio fonemico di quella lingua: quella con più fonemi al mondo è una lingua koisan (famiglia dell'Africa meridionale). Così la lingua inglese ha nel suo inventario 40 fonemi, mentre per l'italiano ne troviamo solo 27 e nel francese 33. Sono state registrate lingue con un numero molto ridotto di fonemi: il rotola, parlato in un'isola dell'arcipelago polinesiano, conta solo 11 fonemi. I linguisti mettono in evidenza che i fenomeni fonologici e le regole che li governano non sono quasi mai determinati da un fonema nella sua interezza ma solo da alcune delle sue caratteristiche o dei suoi tratti distintivi, determinati dall'attività degli organi fonoarticolatori (labbra, lingua, palato, laringe) e dalla modalità di fuoriuscita dell'aria dai polmoni.

La fonologia si occupa di studiare anche il modo in cui i segmenti di una lingua si combinano andando a formare le sillabe. Le sillabe sono forse gli unici elementi dell'analisi fonologica di cui i parlanti sono pienamente consapevoli, come dimostrato dai diversi giochi linguistici che su questi elementi si basano e come testimoniato dal sistema metrico della poesia. Muovendo da tali orientamenti, gli studi più recenti mettono in discussione, perlomeno da un punto di vista evolutivo, la scelta di usare come unità di analisi il fonema, ritenendo più naturale e adeguato a questo scopo assumere la sillaba.

**1.4.2. La semantica** Questa disciplina si occupa dello studio del significato delle parole e delle frasi. Nel primo caso parliamo di *semantica lessicale*, che studia i significati associati ai singoli elementi lessicali (parole), sia descrivendone il repertorio lessicale delle diverse lingue (lessici), sia elaborando modelli interpretativi sul significato e sulla forma lessicale. Nel secondo caso si parla di *semantica proposizionale*, che si occupa delle relazioni di significato che si stabiliscono fra le parole all'interno di una frase. Viene definita un'asserzione che può essere giudicata vera o falsa. La struttura interna di una proposizione comprende un *predicato* e uno o più *argomenti* di quel predicato. Un argomento è un'entità di cui vogliamo parlare. Un predicato di un argomento è uno stato, attività o identità che attribuiamo a un'unica entità (ad esempio, attribuiamo la bellezza a Laura nella frase "Laura è bella"). Un predicato con più argomenti stabilisce una relazione tra più entità o cose. Ad esempio, il verbo dare è un predicato che mette in relazione tre entità nella proposizione espressa dalla frase "Marco dà un orologio a Stefano". Alcuni teorici sottolineano lo stretto rapporto tra semantica e grammatica, utilizzando una combinazione di semantica lessicale e proposizionale per spiegare le relazioni codificate dalla grammatica. Questa posizione, rappresentata da teorie note come grammatica cognitiva, semantica generativa e/o funzionalismo linguistico, è condivisa da studiosi che hanno adottato un approccio epigenetico al linguaggio (cfr. CAP. 6). Altri teorici, invece, sostengono l'indipendenza strutturale di semantica e grammatica, posizione, questa, associata a coloro che adottano un approccio innatista alla lingua. Un'ulteriore componente del linguaggio è la grammatica. Lo studio della grammatica si divide tradizionalmente in due parti: morfologia e sintassi.

**1.4.3. La morfologia** L'unità di analisi della morfologia è il *morfema*, cioè la sequenza minima di fonemi dotata di significato, e il suo oggetto di studio sono i principi e le regole che consentono di modificare la forma e il significato delle parole. Da questo punto di vista, è utile distinguere i morfemi che fanno parte della morfologia libera da quelli che fanno parte della morfologia legata. La morfologia libera comprende un insieme di elementi grammaticali – spesso definiti anche "funtori" – che possono essere separati dagli elementi lessicali e che vengono elencati separatamente nella grammatica: articoli, preposizioni (semplici e articolate), pronomi, congiunzioni e connettivi. Un aspetto critico nello sviluppo è costituito dal complesso sistema pronominale. Il sistema pronominale dell'italiano è caratterizzato dalla presenza di due serie di forme: la serie *libera*, detta anche *tonica* e la serie *clitica*, detta anche *atona*. I pronomi della prima serie nella pronuncia vengono accentati e quindi risultano acusticamente distinti dalle altre parole della frase (*io* non voglio, sto dicendo a *te*); i pronomi della seconda serie sono quelli sui quali non cade accento contrastivo, e quindi nella pronuncia si appoggiano alla parola che li segue o precede (dam*mi* la penna, non voglio dir*telo* più). L'intero sistema comprende 20 forme diverse. L'ampio numero delle forme è determinato dal fatto che il sistema distingue, oltre alla persona (prima, seconda e terza: io/tu/lui), altre informazioni grammaticali: come accade per i nomi, i pronomi specificano il genere (maschile *vs* femminile: lo/la) e il numero (singolare *vs* plurale: io/noi) del referente. Inoltre, i pronomi specificano sempre la funzione grammaticale (esistono ad esempio forme soggetto: io/tu *vs* oggetto: me/te) e talvolta il caso (nella terza persona distinguono fra oggetto diretto e indiretto: lo/gli). Infine, possono specificare una relazione semantica di possesso (mio/tuo/suo). I morfemi legati specificano invece le modulazioni della struttura della parola che hanno conseguenze grammaticali. Comprendono le diverse flessioni dei verbi (per il tempo, modo e aspetto oltre che per la persona e il numero, ad esempio, lav*o*/lav*erò*; lav*eresti*; lav*ava*/lav*avano*), dei nomi e degli aggettivi (per il genere e il numero, ad esempio ross*o*/ross*a*; ross*i*/ross*e*). Questi morfemi sono definiti "legati" perché non possono essere separati dagli elementi lessicali cui si accompagnano. Rientrano sempre nella morfologia legata i morfemi della morfologia lessicale o derivativa che marcano la classe di appartenenza delle parole (come in bianc*o*, imbianc*are*) o consentono di modularne il significato (come in giornal*e*, giornal*ino*). Va notato che in italiano, come in altre lingue con una morfologia legata molto ricca, le parole compaiono sempre in forme flesse (mett*o*/mett*i*/mett*e*), mai come "radici" prive di terminazioni o suffissi (mett-). Una morfologia legata di questo tipo è molto diversa da quella che si riscontra in lingue come l'inglese, dove le parole normalmente hanno forme non flesse corrispondenti a singoli morfemi (put = mettere/metto/metti), cui solo in alcuni casi si aggiungono i suffissi flessivi (put*s* = mett*e*).

**1.4.4. La sintassi** La sintassi viene definita come l'insieme dei principi che governano il modo in cui le parole e altri morfemi sono ordinati per formare una frase possibile in una data lingua. Ad esempio, la sintassi dell'italiano contiene principi che spiegano perché "La porta della cucina è rotta" è una frase possibile, mentre "La della porta è cucina rotta" non lo è. La sintassi può anche contenere principi che descrivono la relazione tra diverse forme della stessa frase (la frase attiva "Il poliziotto ha arrestato il ladro" e la forma passiva "Il ladro è stato arrestato dal poliziotto") e i modi per inserire una frase in un'altra ("Il ladro che è stato arrestato dal poliziotto"). Le lingue variano moltissimo a seconda di quanto fanno affidamento sulla sintassi o sulla morfologia per esprimere significati diversi. Un esempio particolarmente valido è la variazione interlinguistica che esiste tra i mezzi per esprimere una relazione chiamata *transitività* (genericamente definita "chi ha fatto cosa a chi"). In italiano, ad esempio, come in altre lingue romanze, questa relazione è espressa dalle diverse forme del verbo che accordano in persona (1ª, 2ª, 3ª) e numero (singolare/plurale), con il soggetto di una frase (*il cane* insegu*e* i gatti, *i gatti* insegu*ono* il cane, *tu* cerch*i* Maria), permettendo così di distinguere tra paziente e attore della frase. L'inglese usa invece l'ordine delle parole come indizio regolare e affidabile del significato di una frase. Ad esempio, nella frase "John kissed a girl" sappiamo immediatamente che *John* è l'attore e *girl* è il paziente dell'azione. L'inglese, poi, usa pochissimo la morfologia flessiva per indicare la transitività, anzi, qualsiasi altro importante aspetto del significato della frase. Ad esempio, non ci sono marche su *John* o su *girl* per indicare chi ha baciato chi, né esistono indicatori di transitività sul verbo *kissed*.

**1.4.5. La pragmatica** Questa disciplina studia i meccanismi che permettono a parlanti e ascoltatori di interpretare il linguaggio nel contesto verbale e in quello non verbale. Si tratta di un'area di studi vasta ed eterogenea. Sono aspetti di pertinenza di questa area di studi: la *deissi* (il modo in cui le diverse lingue fanno riferimento al contesto: le persone implicate nel discorso, il tempo e il luogo in cui avviene, il discorso precedente); gli *atti linguistici* (gli atti socialmente riconosciuti che compiamo attraverso un'enunciazione linguistica quando dichiariamo, ordiniamo, dubitiamo, battezziamo, imprechiamo, promettiamo, sposiamo); le *presupposizioni* (le informazioni implicite necessarie per l'interpretazione corretta di un atto linguistico: ad esempio la comprensione di una domanda generica del tipo "Come è andata?" presuppone la conoscenza condivisa tra gli interlocutori dell'argomento di cui si parla); i *postulati* e le *implicature conversazionali* (principi che governano la conversazione come attività sociale, ad esempio l'insieme dei segnali che regolano l'alternanza dei turni e la tacita consapevolezza di aver detto troppo o troppo poco per sostenere una certa posizione). La pragmatica include anche lo studio del *discorso* che, a sua volta, comprende lo studio dei tipi di discorso (come costruire un paragrafo, una storia, oppure una barzelletta) e lo studio della *coesione testuale*, cioè il modo in cui utilizziamo i singoli dispositivi linguistici quali congiunzioni (*e*, *quindi*), pronomi (*egli*, *lei*, *quello lì*), articoli definiti (*il/lo/la* rispetto a *un/una*) e addirittura intere frasi o proposizioni ("L'uomo di cui ti ho parlato...") per legare insieme frasi, distinguere tra informazioni vecchie e nuove e mantenere l'identità di singoli elementi nell'intero testo (cioè, le relazioni di coreferenza). La conoscenza della pragmatica linguistica implica moltissime informazioni socioculturali: informazioni sui sentimenti e gli stati interni, la conoscenza di come appare il discorso dal punto di vista di chi ascolta, e il rapporto di potere e intimità tra i parlanti che entra in gioco quando bisogna calcolare quanto essere cortesi e/o espliciti per far valere un'opinione nel corso della conversazione.

**1.5. Le lingue dei segni** Per lungo tempo le caratteristiche distintive e le componenti delle lingue sono state ritenute specifiche delle sole lingue vocali. Gli studi semiotici sui diversi sistemi di comunicazione hanno ricevuto contributi innovativi dalle analisi sistematiche condotte negli ultimi anni sulle lingue dei segni usate dalle persone sorde che hanno permesso una interpretazione più ampia e articolata del concetto di lingua. Le lingue dei segni utilizzano un complesso sistema di articolazione delle mani che si muovono nello spazio disegnando attraverso rapidi movimenti i segni che danno voce a pensieri, emozioni, sentimenti, ragionamenti e discussioni delle comunità delle persone sorde. Dagli studi pionieristici condotti negli anni sessanta da William Stokoe sull'ASL, estesi negli ultimi trent'anni a diverse altre lingue dei segni, compresa la Lingua italiana dei segni (Russo Cardona, Volterra, 2007), emerge con chiarezza che tali sistemi hanno lo status di vere lingue: a tutti i livelli di analisi queste lingue hanno mostrato di possedere un'organizzazione strutturale paragonabile a quella delle lingue vocali. Infatti è possibile rintracciare un numero ristretto di unità minime prive di significato (*cheremi* nelle lingue dei segni, fonemi nelle lingue vocali) dalla cui combinazione si costituiscono unità più grandi dotate di significato, i segni appunto (le parole), e un insieme finito di regole che combinano queste unità in modo da generare un numero infinito di sequenze o frasi (sintassi). La funzione sociale e culturale di queste lingue è indubbia: ce ne sono tante quante sono le comunità di sordi e ciascuna soddisfa i bisogni cognitivi, comunicativi ed espressivi della comunità che la condivide, dall'uso quotidiano privato o sociale, in famiglia o a scuola, a un uso culturale, come attestano le poesie in segni di poeti sordi e le pièce teatrali in segni, o informativo, quali telegiornali e convegni scientifici. Le conoscenze allo stato attuale riportano studi rigorosi e approfonditi mirati a descrivere la specifica struttura delle diverse lingue dei segni e delle regole che le governano, le modalità di apprendimento come prima lingua in bambini sordi e come seconde lingue in persone udenti, le riflessioni sui modelli pedagogici e sulle metodologie didattiche a documentare la titolarità di queste lingue a vedersi attribuito lo status di vera lingua. Il riconoscere le lingue dei segni come vere lingue ha messo in evidenza che la modalità acustico-vocale è una condizione sufficiente ma non necessaria per l'esplicarsi della facoltà del linguaggio, aprendo nuovi spazi interpretativi all'evoluzione stessa del linguaggio nell'uomo. Stokoe (2000) ha proposto che la sintassi delle lingue umane abbia origine non dall'articolazione del suono bensì nel gesto, poiché in esso sono presenti in nuce gli elementi sintattici basilari che costituiscono la frase: un elemento *agente* (la mano), un'*azione* (il movimento della mano) e facoltativamente un elemento su cui si scarica l'azione (l'*oggetto*) (Aiello, 2001). Anche gli studi più recenti di natura fisiologica sostengono l'idea che la genesi del linguaggio umano possa risiedere nella comunicazione gestuale. In particolare, Rizzolatti e Arbib (1998) hanno presentato risultati sperimentali che mostrano che le regioni del cervello umano che mediano il linguaggio sono coinvolte anche nel riconoscimento di gesti, una funzione che riguarda aree omologhe anche nel cervello delle scimmie (cfr. CAP. 6).

# 2. Comunicare prima di parlare

Quando una persona si rivolge a noi in una lingua sconosciuta, non siamo in grado di comprendere nulla di quanto ci dice. I bambini alla nascita si trovano in una condizione ancora più difficile: non sanno nemmeno che qualcuno sta cercando di dire loro qualcosa, il linguaggio per loro è solo un suono un po' speciale (Tomasello, 2003). Eppure, quando i bambini arrivano al primo compleanno, poco prima o poco dopo, pronunciano la loro prima parola. Questo evento è atteso con trepidazione dai genitori che ascoltano il balbettio del loro bambino cercando di riconoscere qualcosa che somigli a una parola, possibilmente *mamma* o *papà*, ed è accolto con gioia e raccontato con orgoglio ad amici e parenti. Che cosa è accaduto nel corso dell'anno che ha reso possibile questo evento? Gli studiosi non sono ancora concordi sul perché il bambino cominci a comprendere e a produrre il linguaggio verbale proprio a questa età (Bloom, cit. in Clark, 2003); tuttavia gli studi sistematici hanno messo in luce che la comparsa del linguaggio è preceduta dall'acquisizione di una serie di abilità implicate nell'uso del complesso sistema della comunicazione umana. Nel primo anno di vita infatti:

- emerge e si sviluppa l'intersoggettività tra il bambino e gli adulti che si prendono cura di lui e il bambino impara a intraprendere attività ludiche che implicano la condivisione dell'attenzione sui medesimi oggetti;
- il bambino impara a comunicare intenzionalmente con gesti e suoni, comprendendo che un suo segnale è in grado di attivare e/o modificare il comportamento della persona a cui tale segnale viene indirizzato;
- emerge la capacità di usare simboli, cioè di usare dei mezzi quali suoni, movimenti del corpo, oggetti per riferirsi a un qualche contenuto;
- il bambino si sintonizza sui suoni della sua lingua, imparando a distinguere le parole all'interno delle frasi che gli vengono rivolte, ed esercita i propri organi fonoarticolatori, emettendo inizialmente

suoni indistinti via via più vicini a quelli della lingua cui è esposto, fino ad arrivare alle parole vere e proprie.

**2.1. L'emergere e lo sviluppo dell'intersoggettività** Per comprendere il processo che trasforma il neonato fino a condurlo ad appropriarsi delle forme di comunicazione umane, occorre concentrare l'attenzione sul significato di questa acquisizione nell'ambito dello sviluppo psicologico del bambino. In questa prospettiva, fondamentale è l'esperienza dell'intersoggettività, il processo attraverso cui da una parte una persona arriva a condividere la propria esperienza soggettiva (stati affettivi, emozioni, interessi, attenzione sugli oggetti esterni, intenzioni) con un'altra persona, e dall'altro a comprendere cosa hanno in mente gli altri e a comportarsi di conseguenza. Possiamo considerare questa esperienza come il risvolto psicologico della comunicazione.

Nel primo anno di vita l'interazione tra bambino e adulti che si prendono cura di lui pone le basi alla realizzazione delle condizioni necessarie perché un lattante possa sentire di essere in contatto con gli stati mentali e affettivi dell'altro (Lavelli, 2007). Ciò avviene anche grazie a competenze innate e acquisizioni pre-perinatali che predispongono i piccoli umani all'interazione sociale: entro l'ottavo mese di gravidanza il feto risponde agli stimoli sonori, in particolare alla voce umana, e distingue voci femminili e maschili; di conseguenza, nelle prime ore di vita il neonato orienta il volto e gli occhi verso un rumore, in particolare verso la voce umana, soprattutto se è femminile, e a 2-4 giorni discrimina la voce della madre da quella di un'altra donna. Distingue la lingua materna da altre lingue e le intonazioni che esprimono emozioni in una storia letta ad alta voce dalla madre durante la gravidanza con contorni prosodici enfatizzati. Dimostra preferenza per il volto umano rispetto a qualsiasi altro stimolo visivo. Ha un ricco repertorio di espressioni facciali per esprimere attenzione, disgusto, irritazione, benessere e presenta capacità imitative.

Già nelle prime ore di vita il neonato riesce a compiere diversi tipi di imitazione facciale, quali la protrusione della lingua e delle labbra e l'apertura della bocca. Diversi esperimenti sono stati effettuati allo scopo di valutare la natura non casuale dei comportamenti imitativi ed è risultato che i bambini imitano in modo *selettivo*, infatti non confondono azioni: rispondono con la protrusione della lingua e non delle labbra qualora abbiano osservato una protrusione della lingua. Inoltre imitano in modo *differenziato*, non rispondendo in modo globale ma specifico: ad esempio, differenziano tra atti diversi prodotti con lo stesso organo, come aprire o spingere in fuori le labbra. A 6 settimane sono in grado di *correggere le risposte imitative* per avvicinarsi il più possibile al modello: da uno studio di Meltzoff e Moore (1994) è risultato infatti che, osservando un'azione non usuale, quale un movimento laterale della lingua, i bambini correggono le loro risposte, come se fossero consapevoli dei propri atti motori e tentassero di controllarli. È questo infatti il periodo in cui i bambini sperimentano i propri comportamenti cercando di controllarli al fine di provocare o mantenere gli effetti desiderati. Piaget descrive questo fenomeno con il concetto di *reazioni circolari*, osservando che fin dal primo mese i bambini tendono a ripetere le azioni che provocano effetti percepibili soprattutto se piacevoli, come succhiare il dito o scalciare. Tali attività sono concentrate inizialmente sul proprio corpo (reazioni circolari primarie), in seguito si rivolgono all'esterno per provocare la continuazione o la ripetizione di "spettacoli interessanti" come scuotere un sonaglino o muovere un oggetto scalciandolo (reazioni circolari secondarie). Queste prime forme di scambio avrebbero la funzione di stabilire una relazione psicologica di similarità tra il bambino e l'adulto: l'altro fa quello che faccio io (*ibid.*).

Tra i 2 e i 3 mesi di vita, l'*interazione* con l'adulto si arricchisce: adulto e bambino, quando si trovano *faccia a faccia*, ad esempio durante il cambio del pannolino, si guardano reciprocamente, ponendo attenzione l'uno all'altro, e intrecciano scambi di sguardi, vocalizzazioni, sorrisi e risate che sono stati considerati come esempi di *intersoggettività primaria*, *protoconversazioni* o *pseudodialoghi*. Stern (1995) osserva che questi eventi interattivi sono caratterizzati dalla ciclicità, cioè dalla ripetizione di sequenze ordinate, e dall'organizzazione in fasi oppure onde: l'introduzione (saluto e/o richiamo) è seguita prima da una fase di eccitazione crescente, poi da una progressiva diminuzione della tensione e infine dalla fase di risoluzione o disimpegno reciproco. Pertanto, gli eventi interattivi sono inglobati in un involucro temporale, caratterizzato da un prima, un durante e un dopo, che consente al bambino, già nei primi mesi di vita, di formarsi delle aspettative e di fare esperienza della propria capacità di agire entro situazioni interpersonali prevedibili. Possiamo caratterizzare questi scambi in termini di interazioni diadiche come scambio di affetti.

Intorno ai 3 mesi, i bambini cominciano a riconoscere le persone familiari e quindi si adattano meglio alle loro stimolazioni, riuscendo a sostenere questi scambi anche molto a lungo. Inoltre, nel periodo fra i 3 e i 9 mesi, l'interazione faccia a faccia cambia struttura e contenuto e diventa più complessa, prendendo la forma di *routine di azione condivisa* (Bruner, 1978): la regolarità degli scambi iniziali si trasforma in un'attività coordinata, caratterizzata da ruoli e azioni convenzionali; ad esempio, nel gioco del nascondino, la madre nasconde il suo viso dietro le mani oppure copre il viso del bambino con un panno e dice "Cucù?" (azione = nascondere; ruoli = agente: chi nasconde; paziente: chi viene nascosto; strumento = mani/panno; parola convenzionale = cucù) e poi lo scopre e dice "Settete!" (azione = scoprire; ruoli = agente: chi scopre; paziente: chi viene scoperto; strumento = mani/panno; parola convenzionale = settete).

In una prima fase le azioni vengono svolte dall'adulto che riveste sempre il ruolo di agente, mentre il bambino viene coinvolto dalla madre nel gioco ricoprendo il ruolo, involontario, di paziente. La sua partecipazione si fa sempre più attiva man mano che il gioco diventa familiare: comincia infatti ad anticipare la scoperta, mostrando segni di eccitazione: vocalizza, sorride, agita braccia e gambe. In seguito potrà a sua volta agire, ad esempio togliendosi il panno dal volto, aspettando con evidente eccitazione il commento rituale della madre (settete!). Fino ad arrivare, verso la fine, a proporre a sua volta il gioco nascondendosi dietro un panno o una tenda.

All'inizio di questo periodo, i bambini sono anche in grado di trastullarsi a lungo con un oggetto manipolandolo in vari modi, ma difficilmente riescono a mantenere l'attenzione sull'oggetto quando sono coinvolti in uno scambio sociale con l'adulto. Può infatti accadere che mentre interagiscono con l'adulto vengano distratti da un oggetto o, viceversa, che abbandonino l'oggetto con cui stavano giocando per rispondere ai richiami dell'adulto. Ma in ogni caso si tratta di un'*interazione diadica* bambino-adulto o bambino-oggetto e non di un evento interattivo in cui entrambi vengono impegnati in uno scambio in cui l'oggetto raccoglie l'interesse comune (Camaioni, 1995 e 2001).

Tra i 6 e i 9 mesi possiamo osservare nel comportamento dei bambini una serie di segnali che dimostrano l'emergere di una particolare competenza sociale, cioè la *condivisione dell'attenzione* su un determinato oggetto con un'altra persona: i bambini guardano in modo sistematico l'oggetto al quale è rivolta l'attenzione dell'adulto, guardano gli adulti per vedere come reagiscono di fronte a eventi e persone sconosciute (riferimento sociale) regolando in tal senso il proprio comportamento, imitano le azioni che gli adulti compiono sugli oggetti. In questi comportamenti viene a crearsi una situazione triangolare (*interazione triadica*), simile a quella prototipica della comunicazione umana, che comprende i due partecipanti all'atto comunicativo e un oggetto di riferimento sul quale appunto condividere l'attenzione. Possiamo caratterizzare questa nuova modalità di scambio nei termini di interazione triadica come condivisione di emozioni e attenzione.

Le ricerche sullo sviluppo di questa abilità hanno messo in evidenza che mentre a 2 mesi solo un terzo dei bambini gira la testa cercando di seguire la direzione dello sguardo dell'adulto, intorno ai 9 mesi la capacità di trovare un oggetto seguendo la linea dello sguardo di un'altra persona appare fortuita, e alla fine del primo anno di vita diventa un'attività coordinata e controllata efficacemente. Tutti i bambini, infatti, smettono di cercare l'oggetto a cui è rivolta l'attenzione dell'adulto quando lo hanno individuato; se invece la ricerca non ha successo, tornano a controllare la linea di sguardo dell'adulto; infine, quando sono coinvolti in un'attività ludica con un adulto, controllano il suo focus attenzionale, alternando lo sguardo tra l'oggetto e l'adulto (Butterworth, Jarrett, 1991).

Questi comportamenti sono molto importanti, in quanto segnalano l'emergere nei bambini di complesse abilità cognitive e sociali implicate negli scambi comunicativi, e in particolare la capacità di coordinare intenzionalmente le proprie azioni con la comprensione che anche le altre persone compiono azioni in modo intenzionale (Tomasello, 2003). Secondo Piaget è possibile parlare di comportamento intenzionale quando il bambino mostra chiaramente di saper distinguere tra mezzi e scopi e tale capacità inizia a manifestarsi tra gli 8 e i 9 mesi, quando il bambino riesce a coordinare schemi motori per rimuovere gli ostacoli oppure sa utilizzare strumenti per ottenere un determinato scopo. Il comportamento del bambino diventa dunque pianificato e gerarchicamente organizzato. Tomasello (2003) osserva che il bambino dapprima differenzia mezzi e scopi nella propria azione, diventando capace di formulare uno scopo prima di agire e di selezionare i primi in funzione dei secondi. In tal modo, scopo e azione diventano per il bambino due entità mentali indipendenti. Questa esperienza costituisce la base per comprendere che anche gli altri possono agire intenzionalmente e che, come lui, possono entrare in una relazione psicologica con gli oggetti esterni (un oggetto può essere desiderato, temuto, pensato) che può essere perseguita, modificata, condivisa. Il bambino comincia dunque a comunicare intenzionalmente quando diventa capace di usare dei mezzi per orientare le azioni dell'adulto in funzione dei propri scopi.

**2.2. La comunicazione non verbale** Fin dalla nascita il bambino esibisce un limitato repertorio di comportamenti (sorrisi, smorfie, tendersi verso gli oggetti, allontanarsi dagli oggetti) che vengono interpretati come segnali comunicativi dagli adulti che si prendono cura di lui. Inizialmente, tuttavia, tutti questi comportamenti sono dei puri riflessi: i neonati sorridono prevalentemente durante le fasi di sonno profondo (REM), in funzione di eventi interni al sistema nervoso centrale, oppure in stato di veglia, in funzione di un'attivazione provocata da stimoli esterni, manifestando così benessere (*sorriso endogeno*). Anche se da alcuni autori questo sorriso è considerato come un precursore di uno stato emotivo, esso tuttavia non esprime ancora una vera emozione. Intorno alle 5-6 settimane, quando il bambino comincia a passare più tempo sveglio, il sorriso viene facilmente generato da stimoli quali la voce umana e in particolare la voce materna (*sorriso esogeno*). Anche la vista del volto è uno stimolo appropriato per scatenare il sorriso: negli anni cinquanta l'etologo Ahrens ha dimostrato che gli occhi costituiscono un importante fattore scatenante. Mostrando ai neonati un cartoncino, egli ha verificato che erano sufficienti due puntini rossi disegnati a scatenare questa reazione. Questo comportamento è riscontrato sin dalla nascita, o poco più tardi, anche nei bambini ciechi, che sorridono al sentire la voce della madre o quando vengono accarezzati, evidenziando così che gli occhi costituiscono solo una delle parti di un complesso di stimoli a cui il bambino risponde. Solo intorno ai 2-3 mesi i bambini producono un *sorriso sociale*, che segnala il riconoscimento di una persona familiare. Ma sorridono anche al loro pupazzo preferito e smettono di sorridere se ne viene mostrato un altro. In questa fase i sorrisi esprimono dunque una vera emozione: il bambino che sorride al suo giochino segnala un'emozione di piacere producendo un sorriso sociale. Infatti in questo caso la reazione è determinata dal contenuto dell'evento e non dalla semplice stimolazione. In questo stesso periodo sono stati notati i primi brevi piegamenti ed estensioni di un dito, considerati gesti di preindicazione, che si manifestano insieme a vocalizzazioni e movimenti della bocca, e si fanno più frequenti tra i 4 e gli 8 mesi durante l'interazione libera con gli adulti. È intorno ai 9 mesi che i bambini diventano consapevoli degli effetti che questi comportamenti hanno sugli adulti e cominciano a usarli intenzionalmente come mezzi per orientarne il comportamento in funzione dei propri scopi, e quindi solo da questo momento possiamo parlare di *comunicazione intenzionale*. Secondo Bates (1976), il bambino dimostra di essere consapevole dell'efficacia dei propri segnali sull'interlocutore attraverso chiari indizi comportamentali: il controllo visivo sull'adulto, la reiterazione e la differenziazione dei segnali fino al raggiungimento dello scopo. I primi gesti vengono definiti "gesti comunicativi intenzionali deittici" perché esprimono l'intenzione comunicativa del parlante, mentre il referente di tale comunicazione è dato interamente dal contesto in cui è inserito (deissi). Si tratta fondamentalmente di tre tipi di gesti (da questo momento i gesti, in accordo con una tradizione consolidata, verranno trascritti in carattere maiuscoletto):

- INDICARE: l'indice o tutta la mano sono estesi in direzione di un oggetto, luogo o persona, mentre lo sguardo si sposta alternativamente dall'adulto all'oggetto (oppure la mano aperta viene battuta ritmicamente su un oggetto/persona);
- MOSTRARE: l'oggetto è in mano ed è esposto nella linea dello sguardo dell'interlocutore per attirarne l'attenzione;
- RICHIEDERE: la mano si apre e si chiude nel gesto di prensione, oppure un braccio o tutte e due le braccia e la mano sono estesi, il palmo è rivolto verso l'alto. In alcuni casi il bambino si sporge verso l'oggetto.

In tutti e tre i casi il bambino guarda alternativamente l'oggetto e l'adulto e in genere produce contemporaneamente semplici vocalizzi e più tardi vere parole. La richiesta può venire accompagnata da suoni di sforzo o lamentosi.

Attraverso i gesti il bambino esprime due tipi di intenzione comunicativa: la RICHIESTA (il bambino si rivolge all'adulto allo scopo di ottenere un oggetto) e la DICHIARAZIONE (il bambino usa un oggetto, mostrandolo o indicandolo, per ottenere l'attenzione dell'adulto). Queste due intenzioni comunicative hanno una natura psicologica diversa: infatti la richiesta (comunicata attraverso il RICHIEDERE e l'INDICARE RICHIESTIVO) ha la finalità pratica di ottenere qualcosa, mentre la dichiarazione (espressa con il MOSTRARE e l'INDICARE DICHIARATIVO) non è strumentale ma serve soltanto a condividere con un'altra persona l'interesse per qualcosa. Nel primo caso il bambino mira a dirigere le azioni dell'adulto (altro = agente), nel secondo caso a influenzare un suo stato psicologico, in particolare l'attenzione, manifestando una comprensione più approfondita della dimensione psicologica della mente dell'altra persona (altro = soggetto). Per questa ragione l'INDICARE RICHIESTIVO compare prima dell'INDICARE DICHIARATIVO, e quest'ultimo è correlato con lo sviluppo del vocabolario (per una rassegna cfr. Parrucchini, cit. in

Camaioni, 2001). È significativo inoltre che il bambino difficilmente indichi se stesso o l'interlocutore: il gesto di indicare appare quindi riservato al mondo esterno, che entra nella relazione interpersonale come argomento di referenza.

Verso la fine del primo anno di vita si verificano ulteriori progressi nelle capacità comunicative dei bambini. Innanzitutto diventano sempre più capaci di adeguare i propri segnali comunicativi alle risposte dell'adulto: tra gli 11 e i 12 mesi guardano insistentemente l'adulto non dopo la richiesta iniziale ma soltanto se questo tarda a rispondere e pertanto devono rinnovare la loro richiesta (Bates, 1979). In secondo luogo, diventano più abili a comprendere le intenzioni comunicative e a controllare gli stati attenzionali degli altri. Ad esempio, intorno ai 12 mesi si osserva un importante cambiamento nella comprensione del gesto di indicare: i bambini sembrano rendersi conto del significato attenzionale del gesto, guardano nella direzione indicata e non più la mano, come fanno invece i più piccoli. In produzione, invece, si osserva una sequenza evolutiva che ci mostra come tengano progressivamente sempre più sotto controllo l'interesse dell'adulto: a 12 mesi i bambini prima indicano e poi guardano l'oggetto, a 14 mesi indicano e guardano quasi contemporaneamente e soltanto a 16 mesi prima controllano che l'adulto stia facendo attenzione a loro e poi indicano l'oggetto (Butterworth, Franco, 1990). La mancanza della capacità di controllo dell'attenzione dell'adulto sull'oggetto indicato costituisce un indice di rischio nello sviluppo linguistico: è stato dimostrato infatti che la frequenza con cui a 20 mesi il gesto di indicazione viene coordinato con lo sguardo materno differenzia i bambini che a 30 mesi avranno uno sviluppo linguistico normale o in ritardo (D'Odorico, cit. in Caselli, Capirci, 2002).

Infine, in questo periodo compare un secondo tipo di gesti in cui il bambino mostra di saper usare intenzionalmente un simbolo non verbale. La caratteristica essenziale di tali gesti è che il loro significato è usato in modo convenzionale dal bambino e dai suoi interlocutori e che il loro contenuto semantico, cioè il loro significato, non varia con il contesto (Caselli, Volterra, cit. in Vicari, Caselli, 2002). Alcuni di questi gesti sono *routine sociali, convenzionali*, pertanto largamente condivisi nella comunità linguistica di appartenenza del bambino e spesso anche in altre, non comprensibili se non si ha in comune lo stesso codice. Alcuni esempi sono: BRAVO = battendo le mani; PIÙ = allargando le braccia; SÌ/NO = muovendo la testa; CIAO = salutare con la mano.

Altri, definiti in modi diversi – "simbolici, schemi di gioco simbolico, referenziali", e più recentemente "rappresentativi o iconici" – hanno un rapporto più diretto e trasparente con il referente. Infatti rappresentano, ad esempio, un'azione che si compie su un oggetto, come: BERE = portare la mano alla bocca simulando il bicchiere; TELEFONO/TELEFONARE = portare la mano all'orecchio simulando la cornetta; AEREO = allargare le braccia tese; BALLARE = muoversi come al ritmo della musica. Oppure azioni che il bambino compie sul proprio corpo: NANNA = appoggiare il palmo della mano sulla guancia. O anche parti di oggetti: CASA = mani aperte con le punte unite a formare un angolo di 45 gradi, come un tetto. Tutti questi gesti nascono nell'interazione sociale con l'adulto, in situazioni specifiche. Ad esempio, un bambino impara il gesto BALLARE sentendo una particolare musica. Poi questo gesto viene usato in modo più esteso, sganciandosi dal contesto in cui è nato, ad esempio ogni volta che viene accesa la radio o il giradischi e infine anche per anticipare l'evento cui viene associato, ad esempio per richiedere che vengano accesi il giradischi o la radio. Alcuni di questi gesti vengono prodotti inizialmente con in mano un oggetto pertinente, vuoto, in sequenze di gioco con la madre in cui vengono riprodotte situazioni di routine (*gioco di finzione* o *simbolico*). Ad esempio, BERE viene eseguito con un bicchiere (vero o giocattolo) vuoto in mano mentre si gioca a preparare la pappa e cenare. Questo schema di azione ha dunque il valore, in un certo senso, di riconoscimento e riproduzione della funzione dell'oggetto all'interno di una situazione determinata. In seguito lo stesso gesto viene prodotto senza l'oggetto, con la mano vuota piegata a cerchio: il gesto ha un rapporto maggiormente astratto con il significante, di cui richiama alcuni tratti essenziali. Infine, il gesto si stacca dalla riproduzione dello scenario che lo evoca e viene utilizzato in modo comunicativo per anticipare o ricordare l'azione, ad esempio per RICHIEDERE di bere (Caselli, Casadio, 1995).

**2.3. Lo sviluppo vocalico** Le nostre conoscenze sulla percezione dei suoni linguistici nei bambini piccoli sono notevolmente aumentate negli ultimi trent'anni grazie alla messa a punto di una serie di ingegnose tecniche di studio e di paradigmi di ricerca che hanno permesso di determinare l'insieme delle caratteristiche specifiche di questi suoni percepite dai bambini in età preverbale. Si possono includere tra queste tecniche: la misurazione della frequenza della suzione (quando gli infanti sono esposti a uno stimolo nuovo e interessante tendono a succhiare più vigorosamente di quanto non facciano se lo stimolo è invece già noto) e del battito cardiaco (che rallenta quando lo stimolo è nuovo); la rotazione condizionata della testa (ad esempio, insegnare a un lattante a girare la testa verso i suoni che appartengono a una certa categoria ma non a un'altra, tecnica che permette al ricercatore di definire le categorie fonemiche dal punto di vista del piccolo); il paradigma dell'abituazione/disabituazione (che fa affidamento sulla tendenza dei bambini piccoli a modificare il loro "orientamento" visivo e/o a riattivare l'attenzione quando percepiscono un cambiamento interessante nell'input visivo o uditivo; Bortolini, 1995). Sebbene le tecniche siano rimaste invariate per più di vent'anni, le nostre conoscenze sullo stato iniziale del bambino e sul modo in cui esso cambia nel tempo sono state sostanzialmente revisionate. Attraverso questi studi adesso sappiamo che l'apprendimento dei segnali linguistici comincia quando il sistema uditivo è funzionante (più o meno nell'ultimo trimestre di gravidanza): il feto infatti reagisce diversamente a seconda se giungono fino a lui, anche se distorti dal liquido amniotico, suoni ambientali o stimoli acustici con le caratteristiche della voce umana. Probabilmente per questa ragione, ad appena 4 giorni dalla nascita i neonati sono in grado di discriminare tra diverse categorie di suoni linguistici e percepiscono sillabe ben formate come unità; dimostrano una preferenza per i suoni della lingua nativa e per le caratteristiche acustiche proprie della voce femminile, in particolare quella materna; sono sensibili alle caratteristiche ritmiche delle lingue, infatti sono in grado di discriminare frasi prodotte in lingue diverse se queste hanno proprietà ritmiche e intonazionali diverse. I dati più rilevanti da un punto di vista teorico riguardano la capacità dei bambini di percepire i suoni linguistici in modo categoriale. Numerose ricerche hanno dimostrato che fin dalla nascita i bambini sono in grado di discriminare indici acustici importanti per la formazione di categorie fonetiche. Alcune di queste facevano in particolare riferimento alla sensibilità a una dimensione fisica dei suoni linguistici che caratterizzano la successione consonante-vocale nella sillaba: il *voice onset time* (tempo di attacco di sonorità) o VOT, cioè il tempo che intercorre tra la vibrazione delle corde vocali e l'apertura delle labbra. Tale variabile è una dimensione continua in fisica, ma discontinua nella percezione umana: se prendiamo ad esempio in considerazione il contrasto tra le sillabe *pa* e *ba*, sentiamo una demarcazione netta e discontinua intorno al limite dei 20 millesecondi; prima di quel confine le varianti di *ba* sembrano molto simili e dopo tale punto è difficile distinguere tra diverse repliche di *pa*, ma in corrispondenza di quella linea di demarcazione si può sentire un chiaro cambiamento. Utilizzando il paradigma della abituazione/disabituazione, Peter Eimas e i suoi colleghi hanno dimostrato che i bambini sin dai primi mesi di vita sono sensibili a tale demarcazione (cit. in Devescovi, Bates, 2000). Questo studio ha dimostrato che la percezione categoriale è probabilmente innata, ma non che sia specie-specifica. Oggi sappiamo infatti che insetti, uccelli, molti mammiferi e primati non umani elaborano i suoni tipici della loro specie in modo categoriale e che alcuni mammiferi sono in grado di distinguere anche i suoni linguistici in modo categoriale. In altre parole, la percezione categoriale non si sviluppa al servizio del linguaggio ma piuttosto è il linguaggio umano che si è sviluppato traendo vantaggio dalle distinzioni già presenti nel sistema uditivo di molti animali. Un'altra scoperta rilevante sul piano teorico è che i neonati possono discriminare virtualmente tutti i contrasti fonetici utilizzati dalle lingue umane, anche quelli che non sono percepibili dagli adulti che parlano la loro lingua madre. Ad esempio, gli adulti giapponesi hanno difficoltà a percepire il contrasto tra *ra* e *la*, mentre i bambini sotto i 6 mesi non hanno alcun problema con questa distinzione. Nel corso dei primi 6 mesi di vita i bambini mostrano di preferire sempre di più i prototipi di suoni vocalici della lingua cui sono esposti, finché, intorno ai 10 mesi di età, momento in cui la maggior parte dei piccoli comincia a mostrare prove sistematiche della comprensione di parole, i bambini sembrano sintonizzarsi sul repertorio fonemico della loro lingua, perdendo la capacità di discriminare quelle variazioni fonetiche che non ne fanno parte.

Insomma, i bambini appaiono inizialmente attrezzati di capacità percettive universali, condivise da altre specie animali, ma nel giro di pochi mesi sono ben sintonizzati sulla lingua che viene parlata intorno a loro (Devescovi, Bates, 2000). L'età di 10 mesi può essere considerata uno spartiacque nello sviluppo fonetico e fonologico, che si manifesta anche nella produzione linguistica. L'utilizzo di strumenti tecnologici sempre più raffinati ha permesso nel tempo di registrare e quindi di poter analizzare i suoni prodotti dai bambini fin dai primi giorni di vita. Le ricerche condotte in tal senso hanno portato diversi studiosi, concordemente, a individuare nel comportamento vocalico infantile un'organizzazione secondo livelli e stadi (Bortolini, 1995). Nei primi 2 mesi di vita vengono prodotti suoni di tipo riflesso determinati da stati fisiologici di disagio (ad esempio pianto e frignio) e suoni vegetativi concomitanti a pratiche alimentari (ad esempio ruttini, deglutizioni, sputi). Successivamente, 2-5 mesi, emergono le prime vocalizzazioni e risate, espressioni di benessere in genere prodotte in situazione confortevole durante l'interazione diadica con la madre. In questa fase, come abbiamo notato in precedenza, è stata talvolta osservata la produzione concomitante di preindicazioni (Blake, 2000). Le prime vocalizzazioni compaiono in genere verso le 6-8 settimane. Sono prevalentemente vocaliche ma contengono anche brevi elementi consonantici. A partire dalle 12 settimane il pianto diventa meno frequente e dalle 16 compare la risata prolungata. Da 4 a 7 mesi il bambino produce tutti i segmenti sonori presenti negli stadi precedenti, più nuovi suoni vocalici maggiormente variati. Verso la fine di questo periodo compaiono le prime sillabe che il bambino comincia a ripetere per il puro piacere di riprodurre un effetto sonoro scoperto accidentalmente attraverso un movimento articolatorio: Piaget chiamava questi comportamen-

ti reazioni circolari secondarie. Questo comportamento si consolida successivamente, fino ai 10 mesi, nel periodo in cui il bambino produce sistematicamente quella che viene chiamata *lallazione reduplicata* o *canonica*, cioè la produzione di sillabe costituite dalla ripetizione della stessa consonante-vocale, ad esempio /nana/ /dada/. Queste produzioni vengono spesso accompagnate da attività ritmiche di altre parti del corpo, ad esempio un movimento delle mani, suggerendo che lallazione e gesticolazione siano regolate da meccanismi funzionali comuni, che sono alla base anche di altri tipi di coordinazioni sensomotorie. La conquista maggiore del bambino in questo periodo è la capacità di controllare la propria attività fonoarticolatoria attraverso il feedback acustico, cioè il bambino ascolta i suoni che egli stesso produce, li riproduce o li modifica: la capacità di coordinare le impressioni tattili e cinestetiche provenienti dall'attività fonoarticolatoria con le impressioni uditive ha una grande importanza: ha un valore motivazionale, nel senso che i bambini sembrano emettere suoni per il piacere stesso di riascoltarli, serve a controllare l'attività fonoarticolatoria e permette al bambino di riprodurre i suoni sentiti nell'ambiente (Orsolini, 2000).
Lo sviluppo del sistema di controllo aiuta quindi il bambino a riconoscere le parole del linguaggio adulto e a imitarle: se produce frequentemente suoni come /ma/ /mama/, imparerà più facilmente a produrre *mamma*. Il bambino imita i modelli intonazionali degli adulti e i particolari suoni della lingua parlata attorno a lui; per tale motivo in questo periodo diminuiscono il numero e la varietà dei suoni prodotti poiché le vocalizzazioni cominciano a rispettare le restrizioni fonologiche della particolare lingua cui è esposto. Ad esempio, le lallazioni di un bambino esposto alla lingua italiana sono del tipo consonante + vocale e tendono a essere ripetute più di una volta. L'importanza dell'input uditivo è stata chiaramente messa in evidenza dagli studi sui bambini sordi, nei quali si è infatti osservato che la mancanza di tale input determina un forte ritardo nell'inizio della lallazione e una scarsa frequenza e varietà delle consonanti. Alla fine del primo anno di vita compare la *lallazione variata*, cioè all'interno di una sequenza possono apparire sillabe, costituite da

segmenti del tipo vocale-consonante-vocale o consonante-vocale-consonante, in cui sia le consonanti sia le vocali possono essere diverse. Alcuni bambini restano molto tempo in questa attività di sillabazione mentre altri passano velocemente alla fase conclusiva: la produzione delle prime parole.

**2.4. La formazione delle parole** Molti studi hanno sottolineato che i bambini cominciano a usare vere parole nello stesso momento in cui appaiono nel loro repertorio comunicativo quei gesti che abbiamo definito rappresentativi a dimostrazione dell'avvenuto raggiungimento della capacità simbolica. Ritroviamo questa capacità espressa anche nelle attività ludiche dei bambini. In questo periodo, infatti, essi cominciano a usare gli oggetti per finta: bevono dalle tazze vuote, imboccano la mamma con il cucchiaino vuoto, telefonano con il telefono giocattolo. Secondo Clark (2003), quando un bambino comincia a parlare è spesso difficile distinguere le sue prime parole. Innanzitutto queste parole sono spesso molto diverse dalla forma adulta: intanto vengono spesso abbreviate, sopprimendo una sillaba debole (banana = nana), semplificando i gruppi consonantici (scappa = cappa), omettendo le consonanti più difficili come /l/ e /r/. Inoltre spesso alcuni suoni vengono modificati: ad esempio /s/ diventa /t/. Infine quando imparano una nuova parola, spesso i bambini la pronunciano in modo diverso in occasioni differenti.
Inoltre i bambini continuano a produrre vocalizzazioni e lallazioni anche dopo che hanno incominciato a produrre parole, addirittura fino ai 2 anni, 2 anni e mezzo e molti studi hanno mostrato che c'è una stretta somiglianza fra le sequenze fonetiche della lallazione e le prime parole: i bambini preferiscono usare suoni e sequenze sillabiche già esercitati nella lallazione ed evitare gli altri, anche i contorni intonazionali tipici della lingua che stanno imparando si presentano prima nelle lallazioni. Queste osservazioni mettono in evidenza che c'è una sostanziale continuità fra lallazione prelinguistica e sviluppo del vocabolario (Bortolini, 2002). Ciò che differenzia le prime parole dalle lallazioni è che queste ultime non hanno un referente preciso, anche se possono venire utilizzate dai bambini, ad esempio

accompagnando i gesti, per esplicitare le intenzioni comunicative. In questo caso, vengono prodotte nel corso dell'interazione con l'adulto e il loro valore comunicativo è comprensibile anche da altri indici: intonazione, sguardo, postura, insistenza e reiterazione delle vocalizzazioni. Particolarmente importante sembra la capacità di coordinare la vocalizzazione con lo sguardo materno: infatti la frequenza di questo tipo di vocalizzazioni a 12 mesi predice lo sviluppo linguistico a 20 mesi (D'Odorico, Carubbi, 1997). Le prime parole prodotte dai bambini, quando il loro vocabolario espressivo raggiunge al massimo le 10 parole, sono veramente difficili da classificare nelle categorie grammaticali tipiche della lingua parlata dagli adulti. Si tratta in genere di versi di animali (*bau bau*, *miao*, *muuh*), routine sociali (*ciao*, *cucù-settete*, *sì*), di nomi che si riferiscono alle persone familiari (*mamma*, *papà*, *nonna*), ai cibi (*pappa*, *biscotto*). Più che di vere e proprie parole, come accade per i gesti referenziali, si tratta di routine che entrano a far parte di interazioni sociali altamente strutturate che assolvono a specifici intenti sociali (Caselli *et al.*, cit. in Tomasello, Bates, 2001): il bambino produce infatti questi suoni in risposta a sollecitazioni degli adulti in contesti molto precisi. Ad esempio i versi degli animali vengono prodotti dal bambino durante la lettura comune con l'adulto di un libretto che riproduce le figure di animali (la mamma indica una figura e dice "E questo cos'è? È il cane, come fa il cane?"). Oppure le routine sociali emergono giocando con il telefono ("Pronto? È la nonna! Dì ciao alla nonna"). In questa fase dello sviluppo è probabile che categorie grammaticali come nome o verbo non operino affatto nel vocabolario del bambino. In un secondo momento, il bambino userà le parole per anticipare o per ricordare un'azione, ad esempio produrrà la parola *papà* dopo aver raggiunto il padre. Solo in un'ultima fase utilizzerà le parole come veri simboli per categorizzare il mondo che lo circonda, userà la parola *papà* per nominare il padre anche quando non c'è, e anche talvolta per nominare altre figure maschili. Lo stesso fenomeno è stato riscontrato nella capacità di comprensione delle parole: mentre in un primo momento tale comprensione è strettamente legata alla situazione (ad esempio chiedere "Dammi la palla" quando il bambino ha la palla in mano), in un secondo momento la comprensione sarà sganciata da tale contesto ("Vai a prendere la palla"). Tra le 10 e le 50 parole lo sviluppo del vocabolario è inoltre molto lento: Rabb, Bauer e Tayler (cit. in Clark, 2003) hanno seguito longitudinalmente 6 bambini in questa fase: le 10 parole sono state raggiunte tra i 12 e i 16 mesi, le 50 tra i 17 e i 22 mesi. In media sei mesi per imparare 40 parole, meno di due parole a settimana. Caselli e Casadio (1989), in una ricerca condotta su bambini di 14 mesi, hanno messo in evidenza interessanti relazioni fra gesti e parole in questa primissima fase dello sviluppo:

- esiste una *corrispondenza* tra parole comprese e gesti prodotti, particolarmente per quei gesti che si riferiscono a giochi sociali e a situazioni in cui l'interazione con l'adulto è significativa (ad esempio la routine del gesto BRAVO);
- si evidenzia una sorta di *economia del vocabolario*: se il bambino produce una parola per riferirsi a un oggetto o a una persona non produce il gesto corrispondente e viceversa;
- il *contesto*, cioè la situazione in cui la comunicazione ha luogo, influenza l'uso da parte del bambino di gesti o di parole. Ad esempio nelle situazioni in cui il bambino ha un oggetto in mano o mentre fa un'azione (presenza percettiva e manipolabilità dell'oggetto), è ugualmente probabile l'uso del gesto e della parola (riconoscimento e applicazione di schemi di azione). Nei contesti in cui l'oggetto non si trovi in mano ma sia presente percettivamente (ad esempio riferendosi a figure e fotografie) prevale la produzione verbale;
- anche i gesti come le parole seguono un processo di progressiva *decontestualizzazione*: da un uso legato a situazioni specifiche e altamente ritualizzate i bambini passano a farne un uso più simbolico e referenziale. Ad esempio, come abbiamo già osservato, il bambino usa il gesto di BALLARE se vorrà accendere la radio, indicando magari la stanza dove si trova l'apparecchio;
- l'*input linguistico* è determinante nel promuovere nei bambini la distinzione tra i due codici: quando nel vocabolario del bambino sono presenti molte parole, i genitori incoraggiano l'uso di queste ultime a sfavore dei gesti.

# 3. Comunicare e parlare

Abbiamo lasciato il nostro bambino ideale all'inizio del suo primo anno di vita mentre balbettava le sue prime parole. Intorno ai tre anni sarà in grado di partecipare alle conversazioni in un modo molto simile agli adulti. Il padre di Micol annota sul suo diario quando la piccola ha 34 mesi (Lichtner, 1999, p. 121): «Si è seduta alla mia scrivania. Dico: Mi hai preso il posto! E lei: *e prendi una sedia... se ti serve!* Siccome non dicevo nulla, insiste*: eh sì, dai, che voi da me?* Niente*! E allora prendi quella sedia!*».

In questi due anni il processo di sviluppo coinvolge diversi aspetti delle capacità comunicative e linguistiche del bambino: il lessico si amplia sensibilmente, il bambino infatti acquisisce molte nuove parole e impara a usarle in modo sempre più flessibile e articolato. Compaiono le prime combinazioni di parole, inizialmente molto diverse dalle frasi degli adulti, ma col tempo anche gli enunciati dei bambini evolvono e diventano sintatticamente complessi. In questo percorso i gesti accompagnano le parole, preparando la strada allo sviluppo successivo e contribuendo ad arricchire il significato delle espressioni infantili. Le tappe principali di questo sviluppo sono rappresentate in modo sintetico nella tabella 1, in cui sono messi in relazione sviluppo vocale, gestuale, cognitivo e sociale.

**3.1. Lo sviluppo del lessico** Come abbiamo precedentemente visto, le prime produzioni vocali iniziano da un certo momento in poi ad assomigliare a vere e proprie parole, e questo accade attorno alla fine del primo anno di vita.

Gli studi condotti sul primo sviluppo lessicale in bambini sia italiani sia di altre lingue hanno valutato aspetti diversi come: il ritmo di acquisizione delle parole e il modo in cui vengono imparate dai bambini, la composizione del vocabolario in termini di categorie grammaticali, il loro evolversi dal punto di vista morfologico, valutando la presenza delle parole nel *repertorio* e *l'uso effettivo* delle diverse forme. È importante introdurre la distinzione tra repertorio e uso

**TABELLA 1**

## Tappe dello sviluppo comunicativo e sociocognitivo

| Età (mesi) | Aspetti dello sviluppo | | |
|---|---|---|---|
| | **Vocalico-linguistico** | **Gestuale** | **Cognitivo e sociale** |
| 0-3 | Preferenza per i suoni della lingua nativa<br>Discriminazione di tutti i tratti fonemici | Sorriso ai volti e alle voci umane (sorriso esogeno) | Scoperta delle proprietà del proprio corpo (reazioni circolari primarie)<br>Preferenza voce e volto materni<br>Imitazioni precoci |
| 3-6 | Discriminazione di pattern intonazionali<br>Vocalizzi | Sorriso sociale<br>Piegamento dito indice | Ripetizione di azioni per far continuare spettacoli interessanti (reazioni circolari secondarie)<br>Inizio capacità di seguire lo sguardo<br>Interazione diadica (faccia a faccia)<br>Condivisione stati affettivi |
| 6-8 | Lallazione canonica<br>Controllo feedback acustico | Movimenti ritmici delle mani | Inizio comprensione della causalità e capacità di anticipazione |
| 8-10 | Sintonizzazione repertorio fonemico della lingua<br>Lallazione variata<br>Comprensione parole | Gesti deittici intenzionali<br>Routine gestuali | Distinzione mezzi-scopi<br>Imitazione di azioni nuove<br>Rappresentazione dell'altro come agente<br>Attenzione condivisa<br>Interazione triadica<br>Routine di azione condivisa |

TABELLA 1 (*segue*)

| Età (mesi) | Aspetti dello sviluppo | | |
|---|---|---|---|
| | **Vocalico-linguistico** | **Gestuale** | **Cognitivo e sociale** |
| 10-13 | Prime parole | Gesti rappresentativi | Gioco simbolico con oggetti<br>Riferimento sociale<br>Altro come soggetto |
| 16-22 | Esplosione vocabolario<br>Parole relazionali<br>Combinazioni transizionali | Combinazioni gesto-parola | Gioco simbolico combinatorio |
| 24-36 | Costruzione della frase<br>Inizio uso sistematico della morfologia | Combinazioni di gesto e parole | Ricordo e imitazione di sequenze di 3-5 azioni simboliche ordinate arbitrariamente<br>Gioco simbolico gerarchico |
| > 36 | Esplosione della morfologia<br>Articolazione sintattica del discorso<br>Conversazioni e narrazioni | Gestualità coverbale | Gioco di fantasia o sociodrammatico<br>Distinzione apparenza/realtà<br>Comprensione sociale: sentimenti, desideri, pensieri degli altri |

poiché implica competenze e abilità diverse nel bambino. Quando si parla di repertorio ci si riferisce ai diversi tipi di parole conosciute dal bambino in un determinato momento; ad esempio il repertorio di Elisa a un anno è costituito da cinque diverse parole: *mamma*, *papà*, *bau-bau*, *pappa*, *ciao*. A un anno e un mese nel suo repertorio sono presenti due nuove parole: *nonna* e *acqua*.
Le parole contenute nel repertorio vengono tuttavia utilizzate dai bambini con frequenze diverse nell'uso effettivo in contesti differenziati: ad esempio Elisa nel corso di un'interazione con la madre durante il pasto produce, nell'arco di un'ora, il termine *acqua* ben cinque volte, *mamma* tre volte e *pappa* due volte, ma non produce mai le altre parole.
Per quanto riguarda l'espansione del vocabolario, come abbiamo già detto, nella prima fase di sviluppo la produzione di parole è assai limitata, l'uso rimane ristretto a pochi contesti di routine, e il ritmo di incremento procede in modo lento.
Quando il vocabolario è composto da almeno 50 parole, cosa che accade generalmente nel secondo anno di vita, l'espansione del vocabolario diventa più rapida: a 18 mesi i bambini producono in media 80 parole, a 24 circa 300 (Caselli, Casadio, 1995). La crescita è talvolta così drammatica che ci si riferisce a questo fenomeno con l'espressione "esplosione del vocabolario". Tuttavia questo evento si verifica in modo molto variabile. Goldfield e Reznik (cit. in Clark, 2003) hanno seguito longitudinalmente 18 bambini tra 14 e 20 mesi. In 13 di questi bambini è stata individuata una fase di accelerazione nell'ampliamento del vocabolario, tale che in alcuni periodi venivano acquisite in media fino a tre parole al giorno. Questa fase si è verificata per i bambini in periodi diversi: due a 14 mesi, cinque fra 17 e 19 mesi, sei tra 18 e 20 mesi. Ma per gli altri cinque l'acquisizione di nuove parole è avvenuta in modo molto più costante e regolare. Comunque, in modi diversi, tutti i bambini diventano gradualmente sempre più abili nell'imparare nuove parole. Carrubbi, Gagliano e D'Odorico (2000) hanno osservato longitudinalmente lo sviluppo lessicale di un gruppo di 42 bambini italiani dai 12 ai 30 mesi, seguendoli comunque fino a quando il loro vocabolario conteneva 200 parole. Per tutti i bambini si è osservato il fenomeno dell'esplosione del vocabolario

che si è però presentata a età diverse nei singoli bambini. Le autrici hanno osservato che dopo la prima accelerazione l'incremento di parole era assai maggiore (cinque volte di più) rispetto alla fase precedente e che i bambini con un numero maggiore di parole nel vocabolario prima dell'esplosione tendeva in seguito ad arricchire il proprio vocabolario con predicati e funtori.

Le parole apprese in questo breve arco di vita iniziano a costituire quello che viene definito "lessico mentale". Con questo termine si intende un insieme di memorie riferite alle parole, alla loro forma fonologica, alla struttura morfologica, al significato, alla categoria grammaticale. Le conoscenze sulle parole incluse in questa sorta di vocabolario vengono attivate quando si ascolta o si deve pronunciare una porzione di discorso, rendendo possibili i compiti di comprensione e produzione linguistica.

Ma come fanno i bambini a imparare nuove parole? Naturalmente ascoltano quelle che vengono pronunciate intorno a loro e le memorizzano, ricordandole poi quando serve. Ma gli studiosi si sono chiesti come facciano a capire che a una determinata sequenza di suoni (ad esempio *coniglio*) corrisponda proprio il significato che gli attribuiscono i loro genitori, gli altri parenti e amici, l'intera comunità linguistica a cui appartengono. Insomma, come arriva il bambino a condividere il significato delle parole con le altre persone che parlano la lingua che sta imparando?

Secondo alcuni autori diversi fattori cognitivi entrano in gioco nel modo in cui i bambini apprendono l'associazione tra significati e parole; in particolare il bambino nascerebbe dotato di vincoli cognitivi, dei principi cioè che guidano il processo di apprendimento. Uno di questi vincoli lo induce a limitare le interpretazioni che si possono dare alle parole, in modo tale che il bambino attribuisce a ciascun referente una sola parola (*principio della mutua esclusività*). Questo principio prevede che il repertorio del bambino inizialmente sia caratterizzato da una sorta di economia del vocabolario, in cui non siano presenti sinonimi o altri termini equivalenti, come abbiamo osservato a proposito dell'iniziale repertorio di gesti e parole nel capitolo 2. In secondo luogo, l'ampliamento del lessico avrebbe luogo in funzione del *princi-*

*pio dell'attribuzione rapida del significato*, secondo cui le parole nuove vengono attribuite a oggetti nuovi di cui il bambino non possiede il nome (Golinkoff, Hirsh-Pasek, 2001). In base ai due precedenti principi, se Sara, una bimba di due anni, sente pronunciare dalla mamma la parola *coniglio* mentre sta guardando sul tavolo dove sono poggiati un gatto e un coniglio di peluche e lei già conosce la parola *gatto*, attribuirà la parola nuova all'animale che ancora non conosce.

Il *vincolo dell'oggetto integro* prevede che un nome venga associato a un oggetto nella sua interezza e non a sue parti, perciò Sara penserà che coniglio è il nome dell'animaletto e non si riferisce solo alle sue lunghe orecchie. Infine il *vincolo tassonomico* fa sì che quando viene insegnato un nome i bambini lo assegnino a un'intera categoria (Markmann, cit. in Clark, 2003). Perciò Sara non penserà che quel nome si riferisca solo al coniglio-che-sta-sul-tavolo, ma a tutti quelli che gli somigliano, cosicché quando vedrà un altro coniglietto di peluche nella vetrina di un negozio di giocattoli lo chiamerà in modo corretto. Gli studiosi sostenitori di questa ipotesi di spiegazione del processo di apprendimento ritengono che questi vincoli agiscano quando il bambino è ancora piccolo (fino a circa quattro anni), ma non sono concordi sul fatto che questi siano tutti disponibili fin dall'inizio o seguano un percorso evolutivo.

Altri studiosi sostengono invece che l'acquisizione delle parole avvenga attraverso un processo di apprendimento sociale, ed è il comportamento dei genitori nell'interazione con il bambino a focalizzare la sua attenzione sulle relazioni culturalmente condivise tra suoni e significati. I genitori assumono nello scambio il ruolo di informatori, la maggior parte delle volte inconsapevoli: indicano, nominano, chiedono di ripetere il nome dell'oggetto che hanno indicato. Lo stabilirsi dell'attenzione condivisa sugli oggetti di riferimento e l'alternanza dello sguardo tra oggetto e bambino sono le condizioni essenziali per l'associazione di nomi e significati. In altre parole, l'acquisizione dei simboli linguistici da parte del bambino è il risultato della speciale modalità di interazione sociale che si stabilisce tra adulto e bambino, esattamente come avviene l'acquisizione di altre conoscenze proprie della cultura di appartenenza (Bruner,

1987; Tomasello, 2003). Si osserva infatti che il processo di associazione suono-significato è lento e fortemente legato alla possibilità di verifica e sperimentazione in un contesto condiviso con un interlocutore attivo. È interessante notare che, quando una parola compare nel repertorio del bambino, viene spesso ripetuta all'interno di una stessa giornata: viene ripresa dalla mamma o dal fratellino e diventa elemento di orgoglio ("Lo sai ha detto..."), ed ecco che arriva il papà che ricomincia il gioco... Questo capita ai bambini da un certo momento in poi e diventa pratica quotidiana tra il bambino e chi si muove attorno a lui. Il gioco della parola ha inizio, il gioco di "Come si chiama questo?" e di "Questo che cos'è?" e, ancora, di "Lui chi è?" prende l'avvio in modo inarrestabile e incontenibile.
Altri autori sottolineano il ruolo che elementi linguistici e strutturali della lingua stessa giocano nel facilitare o rallentare l'acquisizione e l'uso del lessico. Ad esempio, la differenza tra nomi propri e nomi di oggetti è segnalata linguisticamente in alcune lingue dalla presenza/assenza dell'articolo determinativo: ad esempio in italiano si dice *il cane* ma non *il Paolo*, anche se in alcune aree dialettali si usa l'articolo anche davanti ai nomi propri. Ancora, l'articolo indeterminativo serve per distinguere i nomi numerabili: si dice *un cane* ma non *un'acqua*; sempre l'articolo segnala la differenza tra nome e verbo: si dice *il cane corre* ma non *cane il corre*. In inglese il suffisso *-er* segnala che il nominale a cui è affisso è un agente animato, ad esempio *singer*, il suffisso *-ed* segnala che la parola appena sentita è un verbo al tempo passato. In italiano troviamo altre specificità linguistiche: così sappiamo che tutte le parole che terminano con il suffisso *-ino* si riferiscono ad oggetti piccoli, ad esempio *libricino*, mentre al contrario il suffisso *-one* veicola il significato di grande, come *librone*. Dan Slobin (1985), uno dei più importanti psicologi studiosi del linguaggio, si è riferito a questi fenomeni ipotizzando che i bambini usino un principio operativo equivalente a "Fai attenzione alla fine delle parole".
Altri autori sostengono che alcune caratteristiche specifiche delle parole ne facilitano il riconoscimento e l'uso: quelle che si ascoltano e si usano di più (frequenza d'uso), e quelle che sono state acquisite prima (età di acquisizione) sarebbero più facilmente utilizzabili, ad

esempio la loro forma fonologica sarebbe ritrovata più velocemente nel processo di produzione (Orsolini, 2000).

Eve Clark (2003) ha fornito un'ulteriore spiegazione di come le parole vengono apprese. Osservando che spesso gli adulti nello stesso enunciato introducono due termini opposti – "Dammi il cubo grande non quello piccolo", "Cammina, non correre" –, l'autrice ipotizza che parlanti e ascoltatori assumano che a ogni forma si associ un significato diverso, e che in tal modo i bambini possano meglio comprendere attraverso le differenze il significato delle parole, arricchiscano ulteriormente il loro repertorio lessicale e scoprano anche la differenza tra le classi verbali, osservando che le coppie di opposti appartengono sempre alla stessa classe (*bello* si trova sempre in opposizione a *brutto*).

Qualunque sia il modo in cui le parole sono entrate nel repertorio dei bambini, l'uso che inizialmente ne fanno non è esattamente uguale a quello degli adulti: l'associazione suono-significato è il risultato di un lungo processo di affinamento che avviene attraverso scambi linguistici in diversi contesti e con diversi interlocutori.

Come per i primi gesti, anche le primissime parole sono prodotte dai bambini con una *funzione strumentale*, sono cioè dirette alla realizzazione di un certo obiettivo o scopo, sono orientate al fine di ottenere qualcosa di interessante o qualcosa che il bambino non è in grado di raggiungere da solo (il ciuccio posto sul tavolo, l'orsetto caduto a terra). Ma proprio grazie all'esperienza che il bambino fa quando constata il potere che queste parole hanno ripetendole più volte e verificandone gli effetti che sortiscono sugli interlocutori, l'uso si amplia e si arricchisce fino ad assumere una vera e propria *funzione informativa*.

In una prima fase le parole sono usate in modo *polifunzionale* e *polisemantico*. I bambini infatti in un primo momento tendono a usare una stessa parola, scelta indifferentemente tra nomi, verbi o aggettivi, sia per fare richieste che per dare ordini (uso strumentale) o per commentare, indicare, attirare l'attenzione, sottolineare qualcosa (uso dichiarativo); così l'espressione *pio-pio* viene usata sia per ottenere il pulcino giocattolo, sia come commento all'immagine sul libro degli animali. Una lunga tradizione di studi iniziati da Catherine

Snow ha messo in evidenza il valore polisemantico delle prime parole: dall'analisi del contesto in cui esse venivano prodotte è emerso che i bambini esprimono significati diversi usando uno stesso termine: *acqua* sta in un caso per "ho sete", in un altro per "biberon", un altro ancora per "mare" (guardando le foto delle vacanze).
Un'altra caratteristica delle prime parole è che vengono usate dai bambini in modo eccessivamente ristretto (*ipogeneralizzazione*): ad esempio il termine *cane* è usato solo ed esclusivamente per riferirsi a uno specifico animale, il cane di casa, o quello che vede tutte le mattine portato a spasso da un vicino di casa, mentre viene rifiutata dal bambino l'idea che *cane* sia un termine appropriato e utilizzabile anche per altri cani, sia immaginari che reali. Si assiste contemporaneamente, cioè nella stessa fase di sviluppo, anche a un uso esteso della parola (*ipergeneralizzazione*): i bambini tendono a definire *cane*, oltre il proprio cane, anche tutti gli altri animali che in qualche modo sono dotati di alcune caratteristiche comuni (come coda e quattro zampe). Le spiegazioni fornite dagli studiosi a giustificazione di questo fenomeno riguardano proprio la relazione tra parole-concetto-categoria.
A mano a mano che il loro repertorio si amplia e il loro uso delle parole diventa più accurato e flessibile, i bambini diventano anche molto più abili nell'individuare le parole all'interno del flusso verbale: a 15 mesi riconoscono una parola familiare quando si trova alla fine di una frase ("Lì c'è una *palla*") ma di solito falliscono in questo compito quando la parola si trova all'interno della frase ("C'è una *palla* là sopra"). A 19 mesi invece i bambini riconoscono le parole indipendentemente dalla loro collocazione nella frase. Alla fine del secondo anno di vita sono in grado, come gli adulti, di riconoscere una parola anche prima che venga pronunciata completamente dall'interlocutore (Fernald *et al.*, cit. in Tomasello, Bates, 2001).
Nel periodo in cui si espande dalle 50 alle 200 parole, il vocabolario espressivo del bambino è composto in modo prevalente da nomi. Verbi e aggettivi sono quasi assenti (meno del 5% del totale) nel repertorio lessicale dei bambini italiani e inglesi quando il loro vocabolario è inferiore alle 50 parole, e solo dopo aver raggiunto le 100 parole subiscono un incremento notevole fino a costituire insieme il 25%

dell'intero repertorio quando questo è costituito da circa 500 elementi. Molti autori hanno osservato che le diverse categorie grammaticali pongono problemi di acquisizione diversi ai bambini che imparano a parlare (Caselli, Casadio, Bates, 1999). I nomi che fanno parte del primo vocabolario si riferiscono in genere a persone e oggetti concreti: designano pertanto entità stabili, generalmente presenti nel contesto in cui si parla, pertanto chiaramente percepibili dal bambino quando li denomina (Tomasello, Bates, 2001).

I verbi esprimono invece significati relazionali che sono soggetti a variazioni situazionali: ad esempio la differenza tra *mettere* e *dare* è determinata dalla natura animata o inanimata del destinatario delle azioni. I verbi inoltre designano processi, siano essi cambiamenti di stato o azioni. Quindi può accadere che la situazione di referenza di un verbo sia già percettivamente superata nel momento in cui il bambino pronuncia il verbo ad essa corrispondente, o addirittura non sia ancora accaduta. Pertanto, il bambino non può identificare il referente semplicemente individuando un elemento presente nel contesto, ma deve ricostruirlo combinando insieme diverse fonti di informazione, di tipo situazionale e linguistico. Infine, il loro significato è meno preciso di quello dei nomi: è possibile infatti descrivere la stessa azione in modi diversi (Luigi ha venduto la macchina a Mario; Mario ha comprato la macchina da Luigi).

A questo quadro corrisponde un'ampia variabilità: alcuni studi riportano che bambini coreani e cinesi non manifestano la stessa preferenza per i nomi e producono in situazione spontanea una maggiore proporzione di verbi (si vedano i contributi di Gopnik, Choi e di Tardiff, Shaz, Neigles, entrambi in Camaioni, 2001). I bambini italiani inoltre tendono a imparare un maggior numero di verbi quando il loro vocabolario è compreso tra le 100 e le 200 parole. Questo dato, seppure importante, non contraddice la tendenza universale, perché riguarda l'uso delle diverse categorie di parole e non la composizione del repertorio: alcuni contesti d'uso possono effettivamente elicitare certe categorie piuttosto che altre, e le differenze culturali potrebbero influenzare la scelta dei contesti d'uso.

Anche in bambini che imparano l'italiano e l'inglese si trova una certa variabilità nella composizione del vocabolario: ad esempio i 13 bambini che nello studio di Goldfield e Reznik (cit. in Clark, 2003) attraversavano la fase di esplosione del vocabolario acquisivano prevalentemente nominali, mentre i 5 bambini che progredivano in modo più regolare sembravano imparare un insieme più variegato di tipi di parole. Questo fenomeno è stato studiato in modo approfondito attraverso un'analisi qualitativa delle produzioni verbali dei bambini, che ha permesso di rintracciare due stili di acquisizione del linguaggio: lo stile referenziale (detto anche nominale o analitico), caratteristico di bambini con un repertorio ricco di nomi, e lo stile espressivo (anche pronominale o olistico), proprio di bambini che conoscono meno nomi ma una maggiore quantità di routine sociali, frasi fatte e giochi di parole (Nelson, 1973).

Descriviamo brevemente quali sono le caratteristiche principali dei due stili: lo *stile referenziale* si caratterizza nel periodo prelinguistico per una particolare attenzione alle parole e alle sequenze di suoni che distinguono le parole, per un maggior uso di consonanti in lallazione e per una buona articolazione della parola. I bambini che sono caratterizzati da tale stile di acquisizione mostrano maggiore interesse verso gli oggetti, e il loro vocabolario ricco di nomi si espanderà presto. La denominazione si evolverà nelle fasi successive incrementando la classe dei nomi e degli aggettivi. In produzione questi bambini si esprimono con enunciati di una parola ma la loro comprensione è molto buona. Le loro iniziali combinazioni di parole in una prima fase sono prive di pronomi e particelle grammaticali, successivamente la loro competenza grammaticale sarà molto elevata. Dimostrano un particolare interesse verso il gioco simbolico e di finzione.

Lo *stile espressivo* si contraddistingue per una maggiore attenzione alle caratteristiche intonazionali della lingua, minore intellegibilità delle frasi prodotte e variabilità nella pronuncia delle singole parole. I bambini caratterizzati da questo stile sono ottimi imitatori di tutto quello che gli adulti dicono. Il loro vocabolario contiene molte frasette stereotipate come "Non c'è più", "Che cosa vuoi", "Chi è", apprese tutte intere come pezzi non analizzati. A prima vista sembrano quindi molto precoci, ma in realtà il loro vocabolario cresce più lentamente e dimostrano una minore competenza grammaticale. La loro comunicazione è più ricca di intenzioni comunicative e socialmente orientata: questi bambini sono infatti più interessati alle interazioni sociali e ai giochi in cui si riproduce la realtà.

Alcuni studi hanno evidenziato correlazioni significative con le caratteristiche demografiche e sociali: lo stile referenziale sembra più spesso individuabile nelle femmine, nei primogeniti, e nella classe socioculturale medio-alta, mentre quello espressivo nei maschi, nei secondogeniti, nella classe socioculturale medio-bassa. Altri studiosi hanno infine messo in evidenza che la maggioranza dei bambini non presenta una chiara preferenza stilistica, collocandosi lungo un *continuum* in cui i due stili qui descritti rappresentano gli estremi (per una rassegna cfr. Camaioni, 2001).

Per quanto riguarda gli *aspetti morfologici* delle parole, dal momento in cui compaiono tutte le ricerche confermano che i bambini non hanno problemi con il genere, ma le loro prestazioni si diversificano sul numero: essi infatti tendono a usare maggiormente le forme singolari (di nomi, aggettivi e verbi) piuttosto che quelle plurali, in accordo con l'ipotesi che in italiano il singolare possa considerarsi la forma di base non marcata (Devescovi, Pizzuto, 1996). Per quanto riguarda gli elementi nominali, una particolare difficoltà in questo senso è rappresentata dai nomi di terza classe, nomi maschili e femminili che terminano al singolare in *-e* (cane, volpe) e al plurale in *-i* (cani, volpi). Alcune prove di produzione presentate in forma scritta a bambini in età scolare hanno rivelato un persistente numero di errori in bambini di 6-7 anni (ma talvolta anche negli adulti), quando il compito richiedeva la formazione del plurale di parole inventate. È probabile che la bassa frequenza di queste parole in italiano e la mancanza di corrispondenza fonetica tra il segmento finale dell'articolo e quello del nome (il cane/la volpe) inducano i bambini ad apprendere queste parole per intero, senza che la regolarità di sostituzione delle forme diventi produttiva.

Le prime forme temporali dei verbi sono quelle del presente indicativo, accompagnate dal participio passato usato in funzione aggettivale (*porta chiusa, chetto rotto*). Le forme del passato compaiono prima del futuro, e sono rappresentate in primo luogo dal passato prossimo e dall'imperfetto. Il passato remoto è assai raro, compare tardi limitatamente a contesti di narrazione di eventi fantastici (per una rassegna cfr. Devescovi, D'Amico, 2001).

L'evolversi in termini di contenuto e di forma di nomi e verbi (in particolare la morfologia verbale di persona), insieme a un'altra categoria grammaticale, quella dei pronomi, rappresenta un elemento importante nello sviluppo comunicativo e linguistico dei bambini, in quanto sono le categorie con cui si fa riferimento ai partecipanti alla comunicazione (io, cioè la *fonte* dell'atto comunicativo; tu, il *destinatario* di questo atto; l'*oggetto* cui fare riferimento; gli altri *ascoltatori*) specificandone le funzioni interpersonali (parlante, interlocutore, ascoltatore), e i ruoli che svolgono in tale evento (agente, destinatario, oggetto).

Dagli studi sullo sviluppo dell'italiano risulta che la capacità di usare queste forme linguistiche in modo differenziato si sviluppa lentamente nell'arco di tempo compreso tra 20 e 36 mesi: all'inizio, data la composizione del repertorio lessicale, la maggior parte dei bambini usa prevalentemente riferimenti nominali, e solo in modo sporadico forme verbali e pronominali, che hanno un rapporto quasi uno a uno con le specifiche funzioni: ad esempio, Fabio a 21 mesi usa sistematicamente la prima persona del verbo per riferirsi a sé stesso (*faccio*, *voglio*) e il pronome (*tu*) per riferirsi all'interlocutore. Le altre persone del verbo e gli altri pronomi personali non sono presenti nel suo repertorio.

Le diverse forme verbali di persona e i pronomi in genere non compaiono contemporaneamente, ma con intervalli di tempo sensibili e con rilevanti differenze individuali: ad esempio, Francesco acquisisce la terza persona singolare del verbo a 22 mesi, la seconda a 24 e la prima a 25; Clara la seconda a 24 mesi e la prima e la terza a 28. (Baumgartner, Devescovi, D'Amico, 2000). Nessuno dei bambini osservati a 3 anni ha raggiunto l'acquisizione dell'intero sistema morfologico dei riferimenti di persona, in particolare manca un uso sistematico delle forme plurali.

Per quanto riguarda gli errori, fino ai 3-4 anni di età nella morfologia legata sono presenti quelli di sostituzione che riguardano principalmente la regolarizzazione di forme irregolari (*vieno*, *dicio*) e gli errori di accordo, che difficilmente coinvolgono l'accordo di genere fra articolo, nome e aggettivo, ma piuttosto quelli di numero e/o persona fra soggetto e verbo (*aggiusta io*, *piango Marco*). Le incertezze più consistenti si notano nell'uso della morfologia verbale quando i bambini producono forme verbali relativamente indifferenziate, spesso come parole singole in contesti in cui non è possibile valutare l'adeguatezza della forma stessa (ad esempio *apa*, *api*, *ape* per *aprire*). Non sono state riscontrate omissioni della morfologia legata, a differenza di quanto accade in lingue come l'inglese, confermando che per padroneggiare l'italiano occorre imparare delle regolarità di *scelta tra forme flesse alternative* (Pizzuto, Caselli, 1994).

**3.2. Dalla parola alla frase** Le definizioni tradizionali di *frase* oscillano tra due estremi: da una parte quelle concepite per lo più in termini formali (la presenza di un verbo), dall'altro quelle basate su criteri di significato (una sequenza di parole dotata di significato compiuto) (Simone, 2005). Inoltre la presenza nel parlato adulto e infantile di numerose espressioni in cui non compare il verbo ha indotto molti studiosi a preferire il concetto di enunciato o enunciazione (Moneglia, Cresti, 1997).

L'*enunciato* viene definito come una sequenza di parole che, indipendentemente dal fatto che contenga una struttura grammaticale, sia preceduta o seguita da silenzio (pausa) e da un turno conversazionale (Crystal, 1985). In molti studi sul parlato infantile, caratterizzato da scarsa fluenza e alta frammentarietà, si introduce anche un criterio quantitativo, relativo alla scansione temporale degli enunciati: nello stesso enunciato vengono inclusi elementi separati da pause inferiori a due secondi.

Secondo Moneglia e Cresti (1997), un enuciato corrisponde a un atto linguistico prodotto con una precisa intenzione comunicativa (richiedere, informare, ordinare ecc.), che viene espressa attraverso contorni intonazionali convenzionali. Si pensi ad esempio alla differenza di intonazione dei seguenti enunciati: "Apri la porta?", "Apri la porta!".

Sono pertanto il riconoscimento e l'analisi dei contorni intonazionali che consentono di individuarne i confini all'interno di un discorso; in una battuta dialogica vi possono essere tanti enunciati a seconda di quanti sono gli atti comunicativi che vi vengono prodotti (cfr. **CAP. 1**). La segmentazione in enunciati del parlato infantile attraverso criteri intonazionali ha consentito di delineare in modo puntuale il passaggio, nelle prime fasi dell'acquisizione linguistica, da enunciati *monorematici* (od *olofrastici*), cioè formati da una sola parola, a enunciati complessi, costituiti dalla combinazione di due o più parole.
Quando cominciano a parlare, i bambini producono generalmente enunciati di una sola parola. Talvolta nel repertorio di alcuni bambini, specialmente di quelli cosiddetti espressivi, sono comprese alcune espressioni come "Non c'è più", "Chi è" che sembrano piccole frasi. In realtà, si tratta di espressioni stereotipate, non analizzate nelle diverse componenti. Infatti nel bambino le parole non vengono mai combinate con altre parole per comporre nuove frasi.
Verso la fine del secondo anno di vita la maggior parte dei bambini comincia a produrre enunciati che contengono più di una parola. Come accade per la comparsa delle prime parole, anche le prime combinazioni emergono nel linguaggio del bambino a età molto variabili: in alcuni bambini la capacità combinatoriale è presente già a 18 mesi, altri a 2 anni e mezzo non producono sistematicamente queste piccole frasi.
Molti studi hanno dimostrato che lo sviluppo della capacità di combinare parole in frasi è legata all'ampiezza del vocabolario: inizialmente la *soglia minima*, o *massa critica*, di parole necessarie per la comparsa delle prime combinazioni era stata fissata a 50 parole; oggi con l'ampliarsi degli studi e del numero di bambini osservati si ritiene che difficilmente tale capacità emerge prima che il repertorio lessicale contenga meno di 100 parole e diventa consistente e sistematica quando ne contiene 300-400 (Caselli, Casadio, 1995).
Si è notato, inoltre, che l'emergere delle combinazioni di due parole è preceduto da una lunga fase di preparazione in cui il bambino produce enunciati in cui vengono combinati elementi comunicativi di diversa natura: parole, gesti, produzioni vocaliche che non sono

ancora vere e proprie parole, e tipi di combinazioni di parole destinati con il tempo a scomparire.

Abbiamo già visto nei capitoli precedenti come la capacità comunicativa umana si manifesti attraverso modalità vocali e gestuali e come fin dal primo anno di vita gesti, produzioni vocaliche prelessicali e parole siano intimamente legati nel processo di sviluppo comunicativo e linguistico del bambino.

Abbiamo anche accennato al fatto che fin dall'inizio questi elementi comunicativi vengono prodotti insieme: le prime vocalizzazioni e le prime lallazioni non ancora comunicative sono spesso accompagnate da movimenti delle mani (Blake, 2000); i primi gesti di richiesta e di indicazione sono accompagnati da vocalizzazioni. Queste ultime hanno un contorno intonazionale tale che permettono di interpretare più chiaramente l'intenzione comunicativa del bambino: il gesto deittico di RICHIEDERE viene prodotto con vocalizzazioni che simulano lo sforzo oppure con un tono lamentoso, analogamente a quanto accade per il gesto di INDICARE richiestivo. Pertanto, se il verificarsi simultaneo di produzioni vocaliche e comportamenti gestuali nella fase preintenzionale sembrano semplicemente far parte di uno schema di azione sensomotorio che il bambino mette in pratica a scopo ludico (ad esempio, il bambino batte con la mano sul tavolo e contemporaneamente vocalizza), nella fase intenzionale gesti e produzione vocalica partecipano alla realizzazione di un intento comunicativo.

All'inizio del secondo anno di vita i bambini cominciano a combinare sistematicamente i gesti, in particolare il gesto deittico di INDICAZIONE, e le parole. Queste combinazioni, che alcuni ricercatori chiamano *crossmodali* (combinazioni di due modalità), vengono prodotte sistematicamente già a 16 mesi; inoltre alcune ricerche hanno dimostrato che il numero di gesti (deittici e referenziali) e il numero di combinazioni gesto-parola prodotti a questa età sono correlati al numero di parole prodotte a 20 mesi, quando le combinazioni di due parole diventano molto più frequenti.

Negli enunciati cross-modali gesti e parole concorrono in vari modi a realizzare l'atto comunicativo del bambino: rinforzandosi a vicenda, veicolando il medesimo significato (dire *ciao* e fare contemporaneamente il gesto), in questo caso sono stati classificati *equivalenti*; specificando (gesto deittico di INDICARE) l'elemento a cui la parola si riferisce (*fiore*), nelle combinazioni *complementari*; apportando ciascuno informazioni aggiuntive all'altro, quando hanno significati diversi (INDICARE il gatto e dire *nanna*), nelle combinazioni *supplementari*. Questo ultimo tipo di combinazioni veicolano diversi significati (Capirci *et al.*, 2002):

- ricorrenza: fare il gesto di RICHIEDERE e dire *altro*;
- negazione: fare il gesto NON C'È PIÙ e dire *pappa*;
- agente-azione: INDICARE il ferro da stiro e dire *scotta*;
- locazione: INDICARE un giocattolo e dire *giù*;
- possesso: INDICARE le scarpe e dire *mamma*;
- proprietà di *X*: INDICARE il cane e dire *grande*.

Risulta chiaro che il gesto ha un ruolo molto importante nella transizione dal periodo olofrastico a quello in cui il bambino comincia a combinare più parole in un unico enunciato: «Le combinazioni di due elementi che includono un gesto permettono dunque al bambino di superare i limiti articolatori legati al parlato e di rafforzare, chiarire o ampliare il messaggio» (Caselli, Volterra, cit. in Vicari, Caselli, 2002, p. 44).

Altri tipi di enunciati transizionali sono invece composti di soli elementi vocali e consistono in *parole singole in successione* (cioè in enunciati monorematici, relati semanticamente) e in combinazioni di parole e/o elementi prelessicali, destinati questi ultimi a scomparire in seguito. L'esistenza di forme transizionali è stata individuata per la prima volta da Bloom (1970), e ripetutamente documentata da diversi autori. Per quanto riguarda la successione di singole parole, Moneglia e Cresti mettono in evidenza che si tratta di una fase preparatoria, in cui i componenti dell'enunciato vengono realizzati in profili intonazionali distinti e non relati intonazionalmente. La produzione del bambino risulta pertanto caratterizzata da *sequenze verticali* di atti linguistici (Scollon, 1976). Ad esempio, Elisa a 15 mesi giocando con una bambola dice "Bamba pocche mani" (cioè "La bambola ha le mani sporche").

Un'altra forma transizionale è costituita dalla *ripetizione* della stessa parola in sequenze sia verticali sia orizzontali. Il padre di Micol ha notato il periodo in cui la sua bambina, prima di pronuciare le prime frasette, soleva ripetere la stessa parola più volte, sia separata da una pausa (si noti la virgola tra le due parole nella prima ripetizione), sia nello stesso enunciato (le parole sono unite da un trattino) (Lichtner, 1999, p. 22):

> Per tutta una fase Micol aveva un grande interesse per le scatole e i barattoli, per le cose da aprire e chiudere, da mettere una dentro l'altra, da togliere, ecc. La vedevo arrivare disperata, con in mano un barattolo, dicendo *api, api!* (apri); era difficile, per lei, perché il tappo era da svitare. Oppure *api-lapi,* o anche *lapi-lapi!* (aprilo), sempre con un tono drammatico, come non potesse liberarsi del problema finché non era risolto. Le aprivo il barattolo, ci mettevo dentro una gomma per cancellare e la mandavo a far vedere la cosa alla mamma. Se c'era una cosa dentro un'altra, che voleva tirare fuori e non riusciva, gridava disperata: *togli-togli!* È stato il ritornello di tutto un periodo: *api-api, dento-dento, togli-togli,* sempre a coppie.

La ripetizione ha una funzione evolutiva molto importante; la sua presenza è documentata in diversi studi, da cui si rileva che a 16 mesi è più frequente la ripetizione orizzontale e il suo uso è legato all'ampiezza del vocabolario (D'Odorico, Carrubbi, 1997).
In questa fase è anche molto frequente trovare nella produzione dei bambini combinazioni di parole con elementi vocali che non sono ancora vere e proprie parole, a cui ci si riferisce spesso con il termine di *protoforme* o *elementi fonetici indifferenziati*, costituite da segmenti vocalici (*/a/*, */e/*, */i/*) e talvolta mono e/o plurisillabici (*/en/*, */pa/*, */co/*, */ella/*), a cui non è possibile attribuire un significato referenziale, che precedono elementi lessicali di vario tipo. In alcuni casi queste forme possono essere considerate realizzazioni parziali di morfemi (ad esempio *a bimba* invece di *la bimba*), ma in altri casi, anche se la loro collocazione rende possibile un'interpretazione funzionale, non vi è somiglianza fonetica con il morfema adulto: ad esempio, al fonema */e/* può essere attribuita la funzione di articolo se precede un nome, per cui l'espressione */e/ bimbo* può essere interpretata come *il bimbo*.

Raramente in questa fase nella produzione dei bambini italiani compaiono le frasi stereotipate ("Non c'è", "Chi è"), che vengono talvolta chiamate *formule*.

Più tardi, verso la fine del secondo anno di vita, compaiono le combinazioni di vere e proprie parole, costituite da una parola e un elemento morfologico, in particolare l'articolo o un numerale (*la bimba, una banana*), o di due parole contenuto.

Da un punto di vista strutturale, queste ultime sono generalmente prive di verbo (*pappa più, etto scimmione*) e di elementi morfologici liberi (articoli, pronomi, preposizioni), e possono esprimere una varietà di relazioni semantiche, che si possono rintracciare nelle prime combinazioni operate da bambini che imparano lingue diverse. Nella tabella 2 sono riportati gli esempi tratti dalle produzioni linguistiche di bambini inglesi e italiani; come si può notare, molte relazioni espresse sono analoghe a quelle veicolate in una fase precedente dalle combinazioni tra gesti e parole.

**TABELLA 2**

**Relazioni semantiche espresse dalle combinazioni di due parole**

| Relazione | Esempi inglesi | Esempi italiani |
|---|---|---|
| Attenzione su *X* | See doggie | Gadda bau |
| Proprietà di *X* | Big doggie | Grande bau |
| Possesso | My truck | Mia brum-brum |
| Pluralità | Two shoes | Due pappe |
| Ricorrenza | Other cookie | Atto bototto |
| Scomparsa | Daddy bye-bye | Papà via |
| Negazione | No bath | Bagno no |
| Attore-azione | Mommy do it | Mamma fa |
| Locazione | Baby home | Bimbo casa |
| Richiesta | Have that | Da' chetto |

*Fonte*: adattato da Braine (cit. in Clark, 2003).

Queste forme di combinazione possono essere considerate i *primi enunciati vocali complessi.* Un utile indice globale di complessità linguistica utilizzato in campo sia scientifico sia clinico è la *lunghezza media dell'enunciato* (LME).

La LME è stata introdotta nello studio dello sviluppo morfosintattico da Roger Brown (1973), il quale riteneva che la complessità di una struttura linguistica potesse essere valutata in base alla quantità, cioè al numero degli elementi in essa contenuti (morfemi o parole): un enunciato con un numero più elevato di elementi può essere considerato più evoluto rispetto a uno che ne contiene un numero minore. Il ritmo di crescita è conseguentemente considerato un buon indice dello sviluppo della morfosintassi. Sulla base di questa misura, Brown suddivise il periodo di sviluppo morfosintattico della lingua inglese (inteso come passaggio dalle prime espressioni olofrastiche agli enunciati di più parole) in cinque stadi, ciascuno identificabile da uno specifico livello di lunghezza media dell'enunciato, che va da una LME di 1,5 a 5,2.

Questa misura presenta alcuni indiscutibili vantaggi: innanzitutto la sua determinazione è abbastanza semplice, anche se laboriosa. Occorre raccogliere un ampio campione di linguaggio (Brown riteneva necessari cento enunciati, prodotti nella fase centrale di un'osservazione; attualmente si ritiene ne siano sufficienti cinquanta); in secondo luogo, si tratta di un indice chiaro, che consente un'immediata lettura del livello di maturità linguistica del bambino. Infine si è rivelato di grande utilità nella pratica clinica, in quanto consente di confrontare il linguaggio di bambini con diverse patologie (ad esempio disturbi specifici del linguaggio, difficoltà linguistiche in bambini con ritardo mentale, deficit sensoriali, disturbi psichiatrici) con quello di bambini normali paragonabili, oltre che per età cronologica e/o mentale, per livello di sviluppo linguistico.

Alcuni autori suggeriscono che la LME sia una misura appropriata per esaminare lo sviluppo nei primi tre anni di vita, mentre si rivela inadeguata a età più avanzate (Bates, Bretherton, Snyder, 1988). Nelli (1998), in uno studio sullo sviluppo morfologico di una bambina dai 22 ai 33 mesi, sottolinea che la LME sia utile per rilevare quella cosiddetta esplosione morfologica, registrabile attorno alle 2 parole

di LME, mentre non riflette la complessità di strutturazione sintattica dell'enunciato. Due enunciati della stessa lunghezza possono infatti avere una struttura frasale molto diversa, e più o meno complessa o completa dal punto di vista morfosintattico (ad esempio "Etta macchina rotta qua" con "La macchina è rotta"); in questo caso la LME si rivela non idonea a cogliere tali differenze.
La capacità di combinare simboli in un atto comunicativo è espressione di una più generale capacità cognitiva, che si manifesta anche in altre abilità del bambino, ad esempio nell'articolazione del gioco simbolico. In questa fase si possono osservare due tipi di combinazioni: la prima riguarda la sequenza di diverse azioni che fanno parte di uno stesso schema, ad esempio prendere una tazzina, versare il caffè e offrirlo alla mamma. La seconda prevede la ripetizione della stessa azione coinvolgendo destinatari diversi, ad esempio il bambino stesso beve il caffè, poi fa bere la mamma e infine la bambola.
Successivamente il gioco riflette la raggiunta capacità dei bambini di organizzare mentalmente in un piano preordinato e sequenziale le azioni implicate nel gioco stesso (gioco simbolico gerarchico). Ad esempio, il bambino va a prendere la bambola nel lettino, poi cerca il cucchiaio e il piattino e infine le dà da mangiare (Baumgartner, 2002). Questa capacità si riflette dal punto di vista linguistico nella costruzione di frasi articolate sintatticamente.

**3.3. La costruzione della frase** Per quanto riguarda le fasi successive dello sviluppo dell'enunciato, quando compare sistematicamente un predicato verbale, gli studi sullo sviluppo dei bambini italiani hanno messo in evidenza la presenza di diverse fasi: le prime strutture fornite di predicato verbale che compaiono negli enunciati infantili sono quelle nucleari (composte da un predicato con almeno un elemento nominale, soggetto e/o complemento), inizialmente incomplete, in cui possono mancare dei complementi (Taeschner, Volterra, 1986) e gran parte della morfologia libera, cioè articoli, pronomi e preposizioni (Cipriani *et al.*, 1993): "Pette cacche" (cioè "Io metto le chiavi"), Francesco, 24 mesi.
In questo periodo di *formazione del nucleo* della frase, sono anche

presenti strutture nucleari in successione, semanticamente collegate, ma prive di connettivi espliciti ("Vola. Lo prendo. Paf", Raffaello, 24 mesi).

Le prime forme di *ampliamento del nucleo*, seconda fase, sono costituite da aggettivi, che forniscono informazioni aggiuntive sugli elementi nominali compresi nell'enunciato, e da avverbi, che modificano il significato del verbo ("Ho parato io ora ora", Camilla, 25 mesi).

In questa fase il nucleo comincia anche a completarsi con alcuni elementi della morfologia libera, in particolare gli articoli ("Ecco si mette qua la minestrina al fuoco", Diana, 25 mesi).

Per la maggior parte dei bambini il primo *articolo* a comparire e il più frequentemente usato fino a tre anni è l'articolo determinativo femminile singolare *la* (Nelli, 1998), anche nella forma modificata *a*, mentre l'articolo *il* sembra porre qualche problema in più. Fino al compimento del terzo anno di età le forme plurali di questi articoli (*i*, *le*) e l'articolo determinativo *lo/gli* sono molto rari. Gli articoli indeterminativi compaiono dopo quelli determinativi, e hanno inizialmente funzione di numerali.

Per quanto riguarda i *pronomi personali*, alcuni autori segnalano un uso precoce (18-20 mesi) del possessivo di prima persona *mio/mia* (Antelmi, 1997). Caselli, Casadio e Bates (cit. in Tomasello, Bates, 2001), analizzando il repertorio lessicale di un ampio campione di bambini raccolto attraverso la somministrazione di questionari ai genitori, hanno riscontrato una differenziazione dei tempi di acquisizione delle tre persone dei pronomi: nelle forme singolari, la prima persona precede la seconda e la terza compare per ultima, mentre nelle forme plurali, la prima persona è seguita dalla terza e infine dalla seconda, che rivela un ritardo assai marcato rispetto alle altre. Le forme soggetto sembrano precedere quelle oggetto. Tra queste ultime, il pronome clitico *lo* risulta il primo a emergere.

Le *preposizioni* che compaiono per prime sono *con* (compagnia) e *a* (luogo). Per quanto riguarda le altre preposizioni monosillabiche semplici, i dati sono discordanti e caratterizzati da alta variabilità individuale. Tutti gli studi sulla produzione spontanea rilevano che le proposizioni bisillabiche (*sopra*, *sotto*, *dentro*, *dopo*) compaiono tardi (verso la fine del terzo anno) e hanno inizialmente funzione avverbiale. In questa fase, compaiono anche le prime frasi complesse, rappresentate da *subordinate argomentali implicite*, cioè strutture in cui il verbo è all'infinito e che hanno funzione di complemento del verbo della principale ("Voi andare su bici tu?", Camilla, 24 mesi). Le prime subordinate di questo tipo compaiono in espressioni in cui il verbo della proposizione principale esprime una relazione psicologica quale la volizione, la cognizione o la comunicazione, in particolare il verbo *volere*. Altri verbi che frequentemente introducono subordinate infinitive sono *andare* e *fare*.

Le *subordinate argomentali esplicite* compaiono in un secondo momento ("Piange. Hai visto che piange", Camilla, 27 mesi). Questo tipo di frasi può essere incompleto (gli elementi morfologici e le congiunzioni sono talvolta omessi), mentre le frasi nucleari semplici sono in genere complete ("Prendo ciuccio, è sporco", Alessandro, 24 mesi).

Nell'ultima fase, anche le frasi complesse vengono prodotte in modo sempre più completo ("Prendo il coniglietto e gli do le tottò", Sara, 28 mesi). Le subordinate vengono introdotte da diversi tipi di verbi, ad esempio espressioni di comunicazione (*dire*) e di percezione (*vedere*, *sentire*); compaiono al tempo stesso diversi connettivi interfrasali di tipo temporale e causale, quali *allora*, *dopo*, *invece*, *sennò*, *anche*, *però*, che vengono utilizzati abbastanza sistematicamente in strutture coordinate e subordinate. Compaiono in modo sistematico le frasi relative ("Ecco nonna che arriva", Camilla, 28 mesi) e quelle introdotte da *se*.

È importante sottolineare che durante il corso dello sviluppo della struttura frasale i bambini continuano a utilizzare i gesti per rafforzare, chiarire e arricchire il significato degli enunciati. Ecco alcuni esempi prodotti tra 21 e 28 mesi da Alessandro:

| | |
|---|---|
| 21 mesi: | *dà* MOSTRARE *tete* |
| | INDICARE *questo rompo* |
| 24 mesi: | *eccolo* INDICARE *là* |
| | *cos'è* INDICARE *quella?* |
| 28 mesi: | INDICARE *si mangia la pappa questo pesce vero?* |
| | *che fa* INDICARE *questa signora?* |

Anche quando il bambino produce enunciati di due o più parole, il gesto dunque non scompare, ma continua a svolgere un ruolo rilevante, in particolare il gesto di indicazione. Del resto, i gesti continuano a rappresentare (CAP. 1) un aspetto importante della comunicazione umana durante l'intero corso dello sviluppo e anche in età adulta.

Come avremo più volte occasione di osservare, tutte le ricerche confermano l'esistenza di una grande variabilità individuale fra i soggetti, particolarmente nei bambini più piccoli. In alcune ricerche condotte da Parisi (1977) si è inoltre riscontrato un effetto sistematico del livello socioeconomico di provenienza sulle prestazioni dei bambini a partire dai quattro anni, ed è particolarmente evidente tra i 5 e i 6 anni, all'ingresso nella scuola elementare. A questa età, una valutazione della produzione linguistica, ottenuta attraverso il racconto di storie che descrivevano sequenze di figure, ha messo in evidenza che mentre i bambini di livello socioeconomico alto non differiscono da quelli di livello basso nel numero e nella lunghezza delle frasi semplici prodotte, vi è un rapporto di 4 a 1 nella quantità di frasi subordinate prodotte dai due gruppi.

Per quanto riguarda la *comprensione* i bambini già a tre anni sono in grado di interpretare il significato di un verbo quando non si trova in un contesto frasale (Devescovi *et al.*, 1998). Ad esempio, rispondono correttamente quando vengono loro presentati enunciati di una sola parola, costituiti dal verbo opportunamente flesso, e viene loro chiesto di mimare le azioni esplicitate da quel verbo in un gioco che coinvolge un orsacchiotto giocattolo ("Fammi vedere che *mangi*", "Fammi vedere che *mangia*"). In altre parole, quando il verbo si trova nel contesto fisico piuttosto che in quello frasale fin dai 3-4 anni di età i bambini non hanno difficoltà a identificarlo.

Quando per comprendere una frase è necessario ricorrere all'accordo tra diversi elementi, ad esempio il soggetto e il verbo, i bambini più piccoli si trovano in difficoltà. Ad esempio, in una frase come "I sassi colpiscono l'orso", gli adulti indicano come agente i sassi, cioè il nome che accorda con il verbo. I bambini fino ai 4-5 anni preferiscono attribuire questo ruolo all'orso, basandosi su informazioni semantiche piuttosto che grammaticali.

I bambini un po' più grandi adottano una strategia diversa: diventa agente di qualsiasi azione il primo nome che compare nella frase. È solo verso i 7 anni che si comincia a registrare una maggiore attenzione alle informazioni morfosintattiche. È possibile che questa difficoltà sia dovuta al *carico cognitivo* richiesto da un'adeguata interpretazione morfosintattica: infatti per arrivare alla soluzione è necessario tenere in memoria tutti gli elementi frasali (nomi e verbi) e, solo una volta operati i confronti tra di essi (individuando il nome che accorda con il verbo), la soluzione diventa possibile.

Rari sono gli studi che valutano la comprensione di strutture frasali più complesse della frase semplice. Alcuni lavori si sono soffermati sulle frasi passive, che richiedono più tempo per essere acquisite di quelle in forma attiva. Bever (1970) ritiene che molti bambini assegnino a tutte le sequenze nome-verbo-nome l'interpretazione attore-azione-oggetto, che determina una comprensione adeguata di una frase attiva come "Il bambino bacia la mamma", ma erronea della sua forma passiva "Il bambino è baciato dalla mamma". In alcuni casi l'interpretazione delle frasi passive è più facile; infatti i bambini, anche molto piccoli, possono interpretare correttamente frasi come "Il topo è inseguito dal gatto perché rispecchiano le loro conoscenze sul mondo, e/o come "La mela è mangiata dalla bambina", in cui è presente una chiara distinzione tra animato/inanimato e agente/paziente dell'azione. Seguendo un ordine cronologico, le prime forme passive a essere comprese dai bambini sono quelle irreversibili, come "La macchina è lavata dal bambino"; seguono le frasi passive reversibili probabili, in cui entrambi i nominali possono compiere l'azione, come "La bambina è vestita dalla mamma" (acquisite entro i 6 anni). Infine le strutture passive reversibili di genere improbabile sono le più critiche: i bambini fino ai 7 anni e mezzo commettono molti errori nel comprendere frasi come "Il cane è morso dal bambino" (Chilosi, Cipriani, 2006).

Dalle analisi della comprensione di altre strutture complesse risulta che quelle più semplici sono le frasi locative. I *locativi* topologici (*sopra/sotto*, *dentro*, *vicino*, *fuori*, *giù*) sono compresi già a 5 anni, mentre quelli proiettivi (*davanti*, *dietro*, *da*, *a*) dopo i 6 anni (Rustioni Metz Lancaster, 2007).

La stessa difficoltà nel processare strutture complesse è stata osservata nell'interpretazione di frasi interrogative, in particolare la comprensione dei pronomi interrogativi *chi* e *quale* e delle funzioni che svolgono nelle frasi (soggetto: "Chi sta inseguendo le galline?", "Quale gallina sta inseguendo la tartaruga?"; oggetto: "Chi stanno inseguendo le tartarughe?", "Quale gallina stanno inseguendo le tartarughe?"). I bambini fino ai 7 anni preferiscono attribuire il ruolo di soggetto al pronome interrogativo e hanno una maggiore difficoltà nella comprensione del pronome *quale* (De Vincenzi *et al.*, 1999).

Analoghe difficoltà si riscontrano nella comprensione dei pronomi personali (Orsolini, Fanari, Di Giacinto, 1994). I dati finora disponibili mostrano che i bambini fanno molti errori nell'individuare il referente dei pronomi in età prescolare e anche nei primi anni della scuola elementare. Questo fenomeno viene in parte attribuito alla complessità del sistema pronominale e in parte al *carico cognitivo* imposto dall'elaborazione di questi funtori: analogamente a quanto avviene per l'accordo soggetto-verbo, l'accordo pronome-referente implica la conservazione in memoria dei diversi elementi, il loro confronto e infine la selezione di quelli congruenti.

Rustioni Metz Lancaster (2007) ha studiato la comprensione di frasi che contengono diversi tipi di preposizioni e connettivi frasali in bambini dai 3 anni e mezzo agli 8, mettendo in evidenza una maggiore facilità nel comprendere le preposizioni semplici (*a*) rispetto a quelle articolate (*alla*). Le preposizioni più difficili sono quelle di moto *da/a* luogo, e soprattutto *fra* e *tra*, comprese dai bambini solo a 6-8 anni.

La *negazione* è compresa parzialmente: solo il 50% dei bambini interpreta correttamente la frase "La bambina non vuole mangiare", e fino a 4 anni il tipo di errore più comune è quello di interpretarla come fosse una frase affermativa, mentre la comprensione delle *congiunzioni coordinanti e* e *o* appare stabilizzarsi già a 3 anni.

Tra le *congiunzioni avversative*, *invece* appare particolarmente difficile: circa il 70% dei bambini di 6-7 anni interpreta la frase "Il bambino invece di scrivere gioca" come se le due azioni fossero simultanee e non mutualmente escludentisi. Al contrario, il *connettivo causale*

*perché* è ben compreso dai bambini già a 3 anni e mezzo in normali frasi causali come "Il bambino piange perché è caduto".
Per quanto riguarda i *connettivi temporali dopo* e *mentre*, la maggior parte dei bambini tra i 4 e gli 8 anni commette errori che evidenziano il fatto che i soggetti processano solo una parte della struttura frasale, mentre già a 5 anni risulta ben compreso il valore del *connettivo eccettuativo tranne*: il 65% delle interpretazioni di una frase come "La bambina ha raccolto tutte le palle tranne quelle piccole" risulta corretto.
Appare chiaro che nella comprensione di queste strutture entrano in gioco fattori non soltanto linguistici, ma anche cognitivi e/o esperienziali. Aspetti quali la tipicità degli eventi descritti nelle frasi ("Prima mangio e dopo vado a dormire"), la plausibilità delle azioni ("Sono i gatti che mangiano i topi") e il succedersi degli eventi (mettersi a piangere avviene sempre dopo eventi negativi come un litigio o una ferita) sono fattori che influenzano i processi di decodifica linguistica.

# 4. Spiegare, discutere, raccontare

Percorrendo lo sviluppo del bambino dalla nascita ai 3 anni abbiamo visto come i processi di acquisizione del linguaggio si collochino all'interno di una fitta rete di scambi sociali. La sua capacità di partecipare a questi scambi si evolve nel tempo: da una prima fase in cui lo troviamo pronto a raccogliere le proposte dell'adulto, si evolve verso una sempre maggiore abilità nel promuovere lui stesso occasioni di interazione.

Intorno ai 3 anni i bambini hanno imparato a usare il linguaggio per conoscere il mondo in cui vivono, controllare le loro emozioni e il loro comportamento sociale. «A questa età i bambini non sono solo egocentrici e testardi; possono anche essere affettuosi, educati e generosi. Possono confortare, essere suadenti, persuasivi, scherzosi, litigiosi. In poche parole, verso i tre anni un bambino è diventato molto più simile ad una persona, uno che conosce la vita sociale che lo circonda e che vi partecipa» (Shatz, 1998, p. 11).

Il bambino diventa sempre più interessato a prendere parte alle discussioni in famiglia e con gli amichetti, dimostrando una sempre più affinata capacità argomentativa, impara che per convincere gli interlocutori la cosa importante è raccontare in modo convincente la storia giusta (Fadda, 2008). Racconti, storie e narrazioni entrano a far parte sempre più della sua vita, caratterizzando una nuova fase del processo dello sviluppo linguistico.

La capacità di comprendere e produrre narrazioni è legata all'acquisizione di diverse abilità: innanzitutto il *distacco dalla situazione* presente; la narrazione riguarda infatti un evento già accaduto oppure un evento fantastico. Narrare pertanto implica, da un punto di vista *cognitivo*, un distanziamento da ciò che sta avvenendo qui e ora e, da un punto di vista *linguistico*, la capacità di utilizzare una serie di espedienti linguistici che consentono di collocare gli eventi nella giusta dimensione temporale (l'uso dei tempi verbali al passato, l'uso di avverbi e connettivi temporali e causali: *ieri*, *quando*, *perché*).

In secondo luogo, l'*interruzione dell'alternanza dei turni*: la responsabilità della ricostruzione dell'episodio narrato è affidata di solito al solo narratore, che deve esplicitare tempi, luoghi, circostanze, personaggi implicati, connessioni fra gli eventi (Orsolini, 1995). Anche in questo caso, è necessario che il bambino si sia appropriato dell'uso di una serie di espedienti linguistici che gli permettano di dominare la dimensione discorsiva del linguaggio, dando *coesione* alla sua narrazione, quali i pronomi personali, i connettivi (causali e temporali), i segnali discorsivi (ad esempio, formule rituali di apertura e chiusura di discorso: "C'era una volta...", "E vissero felici e contenti" ecc.).
In terzo luogo la comprensione del diverso significato che gli eventi assumono per il narratore e i personaggi implicati nell'evento e quindi l'acquisizione di uno svariato e articolato insieme di espressioni atte a esprimere la sua *valutazione* degli eventi (se si tratta di avvenimenti certi o solo probabili, se un evento è legato a un altro da una relazione temporale e/o causale) e dei personaggi della storia (le motivazioni che li spingono ad agire, le loro reazioni emotive agli eventi, le loro credenze, il modo in cui si rappresentano gli eventi).
Infine, anche se non ultima per importanza, è da ricordare la capacità di costruire un *discorso narrativo coerente*, guidato cioè da una struttura discorsiva adeguata. Alla base di queste strutture discorsive c'è una struttura di conoscenza più generale che riguarda la natura e l'organizzazione degli eventi da narrare.
Queste nuove capacità si riflettono anche nei giochi dei bambini: l'età prescolare è infatti l'età del gioco di fantasia, o sociodrammatico, una particolare interazione ludica all'interno della quale vengono interpretati ruoli immaginari e reciproci come il classico "mamma e figlia" oppure "medico e paziente" o "maestra e alunno" ecc. In questi giochi, che hanno la specificità di essere collettivi (servono almeno due attori), sono riconoscibili azioni, trame, personaggi e ruoli socialmente codificati (Baumgartner, 2002).

**4.1. Ulteriori sviluppi di suoni, parole e frasi** Poiché nei primi tre anni di vita i progressi dei bambini sono tanto eclatanti, si tende a pensare che entro i 3-4 anni il processo di acquisizione delle caratteristiche fonologiche, lessicali e grammaticali della lingua sia ormai completo. In realtà non è così.

Dal punto di vista dello sviluppo fonemico, le parole si presentano in una forma più stabile e l'inventario fonemico si completa tra i 4 e gli 8 anni. All'inizio dell'età scolare i bambini cominciano a diventare consapevoli dell'organizzazione dei suoni che costituiscono le parole. Fino alla pubertà migliora il controllo degli aspetti temporali della produzione linguistica: aumentano la velocità di articolazione dei suoni e la capacità di coordinarli efficacemente all'interno di una frase complessa. Perché le caratteristiche temporali della produzione verbale dei bambini raggiungano le capacità adulte dobbiamo attendere fino all'età puberale.

L'arricchimento del lessico è un processo che ci segue per tutta la vita: continuamente ci imbattiamo in parole di cui non conosciamo il significato o in nuovi significati da attribuire a parole già note. È stato infatti valutato in 40.000 parole il vocabolario medio di un ragazzo americano di 16 anni, mentre quello di un adulto è di circa 60.000 parole. Intorno ai 3 anni i bambini, anche se ormai conoscono molte parole (più di 500), le utilizzano in modo diverso dagli adulti: per riferirsi a categorie semantiche (ad esempio la categoria degli alberi) acquisiranno e utilizzeranno prima una parola generica, di base, come *albero*. Solo in seguito apprenderanno e useranno termini specifici per riferirsi a diverse tipologie (pini, abeti, palme ecc.), così come diventeranno sempre più abili, tra i 6 e gli 8 anni, nel definire il significato delle parole utilizzando il termine sovraordinato: "Lo scoiattolo è un animale". L'uso delle parole da parte dei bambini riflette un pensiero sempre più orientato alla condivisione delle conoscenze sociali (Belacchi, Benelli, 2007).

Anche le capacità grammaticali si perfezionano e affinano: a 3 anni nessun bambino domina perfettamente la struttura morfologica della sua lingua, in particolare non controlla ancora tutti gli aspetti della morfologia verbale e del sistema pronominale, mentre fra i 3 e i 4 si assiste a un'esplosione della morfologia.

Anche la capacità di utilizzare le strutture frasali complesse evolve: i bambini usano sempre più frasi coordinate e subordinate, combinandole in piccoli discorsi. In questo passaggio le funzioni dei connettivi frasali sono cruciali anche se, come abbiamo visto, sia nella produzione che nella comprensione la loro evoluzione appare lenta e problematica.

Un esempio eclatante è l'evolversi della capacità di utilizzare il connettivo *perché*. Prima di usarlo nelle forme adulte con funzione di spiegazione e di causalità, i bambini lo utilizzano come una parola multiuso con scarso riferimento al suo significato. In questo periodo le conversazioni dei bambini sono spesso cadenzate da catene di *perché* a cui i genitori sentono di dover dare delle vere spiegazioni mentre i bambini, in realtà, pongono tali quesiti solo per esplorare il funzionamento di questa parola. Ecco un esempio, riportato da Golinkoff e Hirisk-Pasek (2001, p. 269), di un dialogo tra il papà e la piccola Elisa quando aveva 30 mesi:

PAPÀ Ciao, Elisa. Vado al lavoro.
ELISA Perché?
PAPÀ Perché ho una riunione.
ELISA Perché?
PAPÀ Perché un cliente sta arrivando dalla Svizzera.
ELISA Perché?
PAPÀ Perché vuole affidarmi la sua pianificazione finanziaria.
ELISA Perché?
PAPÀ Perché in questo modo guadagno i soldini.
ELISA Perché?
PAPÀ Perché abbiamo bisogno dei soldi per mangiare e comprare le belle cose.
ELISA Perché?
PAPÀ Perché è così che è organizzata l'economia capitalista e ora che siamo parte di un'economia globale... arrgghhh!

La mancanza di interesse reale per le spiegazioni ottenute viene interpretata dalle autrici come un meccanismo di controllo della conversazione e dell'attenzione del genitore piuttosto che come una vera e propria richiesta di informazioni.

L'abilità conversazionale, che come abbiamo visto si sviluppa a partire dai primi scambi prelinguistici, si esprime ad esempio anche in età precoci nella capacità di mantenere l'alternanza dei turni tra i parlanti, soprattutto nelle conversazioni con gli adulti. Tra i 3 e i 5 anni anche nei dialoghi tra bambini si registrano raramente sovrapposizioni, e viene rispettata la velocità degli scambi; infatti se una domanda è seguita da una pausa troppo lunga, i bambini la ripetono o la riformulano. Anche se a 4 anni i bambini sono già grado di sostenere uno scambio complesso e sviluppare risposte, è solo verso i 5-6 anni che le abilità conversazionali arrivano a maturità. Secondo Karmiloff e Karmiloff-Smith (2002, p. 154) il progresso maggiore è costituito «dall'abilità di assicurare il feedback nel dialogo, cioè di combinare più di una replica in un turno di conversazione in modo da replicare e dare inizio a un nuovo scambio». Un'ulteriore dimensione di sviluppo concerne gli argomenti delle conversazioni: tra i 3 e i 5 anni i bambini diventano capaci di conversare tenendo conto di eventi passati o futuri, cioè di episodi significativi già accaduti o di aspettative, desideri e progetti (Pontecorvo, 1993) evidenziando la capacità di rappresentarsi e condividere con l'interlocutore un piano di conoscenze sul mondo e sulle persone.

L'evolversi delle conoscenze dei bambini sul mondo sociale si manifesta attraverso la comparsa e l'uso di espressioni che fanno riferimento alle persone distinguendo ben presto fra sé stessi e gli altri. Le prime conoscenze del bambino riguardano gli aspetti fisici degli individui: fin dall'emergere delle prime parole il bambino impara a stabilire una corrispondenza tra le parti del proprio corpo, visibili e non, e quelle degli altri. Tale corrispondenza si oggettiva nei nomi delle parti del corpo: è questa la funzione delle routine di giochi corporei che si fanno con i bambini piccoli, i quali scoprono il proprio viso attraverso il viso della madre, indicando e nominando occhi, naso, bocca. In secondo luogo i bambini distinguono sé stessi dagli altri chiamandoli con il nome proprio e poi attraverso le forme grammaticali di persona, pronomi e verbi (cfr. CAP. 3). Infine, il vocabolario dei bambini si arricchisce di termini che fanno esplicito riferimento agli stati interni delle persone (emozioni, sentimenti, intenzioni, desideri e pensieri) che vanno a costituire un vero e proprio *lessico psicologico*: l'attribuzione di stati mentali a sé e agli altri attesta la capacità del bambino di pensare le persone come esseri psicologici, i cui stati interni possono essere inferiti, spiegati e possono costituire argomento di conversazione. Le ricerche dimostrano che i bambini già all'età di 20 mesi nelle interazioni con gli adulti usano parole che si riferiscono a stati psicologici interni come il dispiacere e la volontà; a 28 mesi, già parlano di percezioni, sensazioni, emozioni primarie quali la felicità, la rabbia, la tristezza e la paura. Solo dalla fine dei 3 anni compaiono termini con riferimento a processi cognitivi come pensare, sapere, ricordare. Inoltre si osserva che i riferimenti a desideri e volontà compaiono nella produzione dei bambini prima in riferimento a sé stessi e poi alle altre persone. Altre ricerche hanno indagato lo sviluppo del lessico psicologico in contesti specifici, quali le narrazioni (Baumgartner, Devescovi, D'Amico, 2000; Lecce, Pagnin, 2007).

**4.2. Discutere e spiegare** L'espandersi e l'articolazione del linguaggio consentono al bambino di operare un passaggio dalla dimensione dell'enunciato a quella del discorso. Tale passaggio è caratterizzato ad esempio dalla capacità di argomentare i propri punti di vista e di persuadere gli altri delle proprie ragioni. Innanzitutto i bambini imparano a diventare sempre più persuasivi quando vogliono ottenere qualcosa. Axia (1995) ha registrato gli scambi verbali di 88 coppie madre-bambino che recandosi a un supermercato si trovavano a passare davanti a un negozio di giocattoli. I bambini appartenevano a tre gruppi di età: 4, 6, e 8 anni. Nel valutare le espressioni linguistiche dei bambini che cercavano di convincere la madre a comprare loro un giocattolo, Axia (cit. in Clark, 2003, p. 348) ha notato che i bambini fino ai 6 anni tendevano a utilizzare prevalentemente espressioni in cui cercavano di attirare l'attenzione dell'adulto sull'oggetto desiderato, ma non erano in grado di controbattere al rifiuto ottenuto.

GIOVANNA (6,4 anni) Guarda mamma che belle le Barbie. La voglio.

MADRE Dai, andiamo.

I bambini più grandi invece erano più abili a offrire le loro argomentazioni tenendo conto delle possibili obiezioni materne.

ANGELA (8,2 anni) (guardando una bambola) Questa quanto costa? Un sacco di soldi, eh!

MADRE Eh, sì! Questa è proprio una esagerazione.

ANGELA E questa?

MADRE Anche.

I bambini utilizzano queste nuove capacità argomentative anche per risolvere i conflitti.
Riportiamo dalla nostra esperienza un esempio registrato di un'interazione tra due bambine di 5 anni, Antonella e Ginevra, che sedute al tavolino si contendono un gioco:

ANTONELLA (indicando il gioco in mano di Ginevra) È mio quello... Ma quello è mio! (Ginevra guarda Antonella che ripete) No. Mio quello era... Lo sai che quello è mio?

GINEVRA Te prendi il mio.

ANTONELLA È brutto.

GINEVRA È bello.

ANTONELLA È brutto.

GINEVRA (si alza e si china verso Antonella) Vuoi il mio? Vuoi il tuo? Il tuo è bello. Lo vuoi?

ANTONELLA (insiste) Quello è mio.

GINEVRA Il tuo è bello? È brutto il mio? (si china sempre più verso Antonella e le fa una carezza sul viso) È brutto? (la accarezza un'altra volta e le sorride).

ANTONELLA (dopo una pausa lunga 30 secondi, cantilenando) Va bene. Va bene... Va bene come vuoi (e riprende a guardare un libro).

Numerosi studi hanno dimostrato che i bambini, mentre a 2 anni nelle occasioni di conflitto utilizzano talvolta una soluzione fisica (!), nelle età successive fanno uso di strategie verbali: Hay e Ross (cit. in Clark, 2003) documentano che sotto i due anni nelle dispute tra bambini si registra il 25% di aggressioni fisiche, mentre Eisenberg e Garvey (cit. in Clark, 2003), osservando bambini tra i 3 e i 5 anni, registrano soltanto 10 risoluzioni aggressive su un campione di 833 conflitti (cfr. TAB. 3).

**TABELLA 3**
**Strategie nella risoluzione delle dispute: percentuali di successo**

| Tipo di strategia | Numero totale | % successo |
|---|---|---|
| Compromesso | 30 | 77 |
| Condizioni | 19 | 53 |
| Opposizioni | 54 | 41 |
| Spiegazioni/giustificazioni | 275 | 34 |
| Ignora l'altro | 47 | 19 |
| Attenuazione/aumento | 30 | 13 |
| Insistenza | 336 | 12 |
| Richiesta di spiegazione | 21 | - |
| Prendere tempo, essere evasivi | 18 | - |
| Aggressione fisica | 10 | - |

*Fonte*: adattata da Eisenberg, Garvey (cit. in Clark, 2003).

Come si vede nella tabella, la strategia più usata nella risoluzione dei conflitti è quella di insistere sul proprio punto di vista. Riportiamo un nostro esempio dell'uso di questa strategia in due bambini di 5 anni:

LAURA Una roulotte qua (indica una figura).

PAOLO Dove? Mica questa è una roulotte, è una macchina.

LAURA È una roulotte.

PAOLO Non ce credi che è una macchina? È un camion, lo vedi che è un camion, lo vedi?

LAURA Ma che camion e camion, ce sarai tu un camion!

PAOLO Lo vedi che non ce sta il coso, il coso che s'appiccica, lo vedi che non ce sta?

LAURA Embè, non ce pò sta?

PAOLO No, ce l'hanno tutti quelli che stanno in strada, quelli che stanno sull'autostrada ce l'hanno.

LAURA Embè quelli l'hanno fatto così, quelli l'hanno fatto così.

PAOLO So' veri però, vedi! Ecco, pure questo è un camion.

LAURA Quanti camion!

La seconda modalità è quella di giustificare il proprio comportamento, anche se la strategia che raggiunge il maggior successo è quella di trovare un compromesso che dia soddisfazione ai contendenti. Giorgio e Domenico giocano a far da mangiare:

GIORGIO Da' qua io preparo da mangiare al piccolo, mettiamo... (gira il cucchiaio).

DOMENICO No, glielo preparo io.

GIORGIO Gliela sto a prepara' già.

DOMENICO Però gliela davo io. Tu la preparavi e io la davo.

GIORGIO (si avvicina con la ciotola all'orsetto) Ecco no gliela davo io.

DOMENICO È l'ultima volta che te la faccio da' eh!

GIORGIO Non me l'hai fatta mai da', eh!

DOMENICO Questa però è l'ultima volta.

GIORGIO Dopo gli do il latte.

DOMENICO No glielo do io.

GIORGIO (finge di mangiare dalla ciotola) Ora questa me la mangio io.

DOMENICO E questa gliela do io.

Le ragioni che i due bambini usano per giustificare i propri punti di vista sono varie; tra queste, il ricorso all'ordine delle gerarchie sociali:

PAOLO Asinone siete. Non dite che non ve ne importa se no sai che faccio? Vi tolgo questo gioco.

GABRIELLA Guarda che tu non comandi.

EMANUELE (indicando la sperimentatrice) Lei ci comanda.

GABRIELLA E tu non ci comandi.

EMANUELE In tutto il mondo ci comanda Gesù caso mai, bambino.

**4.3. Tanti modi per raccontare** Hudson e Shapiro (cit. in Baumgartner, Devescovi, D'Amico, 2000) ritengono che la capacità narrativa sia il risultato della convergenza di competenze di diversa natura:

- una *competenza cognitiva e sociale*, che si riferisce a una più generale conoscenza del mondo, delle persone e degli oggetti e di come essi si muovono, si relazionano, interagiscono. Tale conoscenza include la rappresentazione della ***struttura degli eventi*** in senso generale, la memoria di episodi specifici e la conoscenza dei tipi più comuni di interazione sociale;
- una *conoscenza linguistica* che include gli espedienti linguistici necessari alla *stesura* orale e/o scritta di un testo: dall'uso dei pronomi e dei connettivi all'individuazione dei tempi verbali e alla selezione del lessico adeguato;
- una *conoscenza pragmatica* che si riferisce alla prospettiva del narratore sugli eventi narrati e sul contesto in cui avviene la narrazione, pertanto alla sua capacità di esprimere una valutazione su tali eventi e di mantenere vivo l'interesse dell'ascoltatore per la storia narrata.

La letteratura psicologica che si occupa dello studio dello sviluppo delle abilità narrative del bambino è ricca di ricerche sui diversi tipi di struttura dei vari generi narrativi, che sono distinti in narrazioni di routine (script), resoconti o cronache di esperienze personali e storie di fantasia. Ognuna è contraddistinta da caratteristiche specifiche, scopi diversi e modalità di sviluppo proprie.

**4.3.1. Gli script** Sono rappresentazioni schematiche di eventi sociali apprese molto precocemente, attraverso l'esposizione ripetuta a situazioni di routine. I bambini costruiscono schemi mentali del mondo sociale nel quale vivono e di ciò che ci si può aspettare da esso e li utilizzano per dare una spiegazione all'organizzazione delle situazioni sociali e per inquadrare le azioni e gli eventi in un contesto regolare, prevedibile e quindi controllabile.

Da un punto di vista narrativo gli script, essendo resoconti di azioni ed eventi che definiscono abitualmente una situazione, comprendono abitudini, regolarità di comportamenti, sequenze di azioni tipiche richieste da situazioni particolari, oggetti, persone coinvolte e ruoli propri di queste situazioni (esempi classici sono le routine relative all'andare al ristorante, a una festa di compleanno, prepararsi per andare a letto).

Dal punto di vista strutturale, essi sono costituiti da eventi riportati secondo un ordine rigorosamente cronologico; il tempo verbale usato è il presente e l'attore del copione è un soggetto generico, identificato dall'uso del *si* impersonale. Andrea, 6 anni, racconta il ciclo produzione-vendita di ciliegie: "Si riempiono gli alberi di ciliegie. Si comprano nei negozi. Prima le raccolgono e dopo le vendono".
La complessità degli script è determinata dalla quantità e dalla minuziosità dei dettagli che in esso vengono riportati. I bambini già all'età di 2 anni percepiscono la regolarità degli avvenimenti familiari e quotidiani e si costruiscono tutte le rappresentazioni mentali relative alle azioni, agli agenti e agli oggetti, oltre alle relazioni spaziali e temporali tra essi; di conseguenza sono in grado di partecipare alle interazioni, imitando in situazioni familiari sequenze di azioni tipiche di giochi simbolici. A 3 anni i bambini sono in grado di riprodurre situazioni familiari e routinarie nell'ordine in cui abitualmente si presentano, rispettando le regole di comportamento previste dal contesto, assumendo il ruolo richiesto loro dalla situazione, utilizzando in modo appropriato gli oggetti coinvolti nell'interazione, seguendo l'ordine temporale e le relazioni causali tra le azioni. Fino ai 5 anni, i racconti di script prodotti dai bambini migliorano: dai 3 anni aumentano il numero e la complessità dei dettagli e delle informazioni relative a tutti gli elementi della situazione descritta nello script, anche se i bambini mantengono, per tutta l'età prescolare, il riferimento alle esperienze personali. I bambini di 3 anni arricchiscono gli script di informazioni dettagliate ma di carattere prevalentemente episodico e personale. In questa fase si può parlare di una commistione tra script e narrazioni personali, nella quale viene mantenuto il rigoroso rispetto dell'ordine cronologico di esecuzione e di descrizione delle azioni: questo vincolo impedisce al bambino di età prescolare di rievocare verbalmente azioni ed eventi presentati in modo non congruente rispetto a tale ordine canonico, per cui sono omessi. Solo in età scolare, tra i 6-8 anni, l'ordine cronologico canonico perde il suo carattere vincolante a favore di un ordine di natura causale, secondo il quale gli eventi si succedono seguendo nessi causali e non solo temporali. Il bambino è in grado di inserire all'in-

terno dei racconti di script anche informazioni incongruenti rispetto all'ordine cronologico canonico. Infine, a 8 anni gli script diventano complessi e completi dal punto di vista strutturale, nel senso che i bambini non ne trascurano nessun aspetto; inoltre si arricchiscono di informazioni opzionali e impersonali, e diventano più generici.

**4.3.2. Le narrazioni di storie personali** Questo tipo di narrazioni include resoconti o cronache di episodi singolari e specifici di cui si è avuta esperienza personale e diretta in un determinato momento. Esse richiedono conoscenze episodiche (i ricordi) e specifiche e non sono legate necessariamente a un ordine cronologico degli eventi. Diversamente dagli script, sono caratterizzate da verbi al passato e da nomi e pronomi personali. Dal punto di vista strutturale, secondo Labov e Valetzky (cit. in Baumgartner, Devescovi, 2001) le narrazioni di esperienze personali presentano una struttura tipica costituita dai seguenti elementi:

- introduzione (espediente linguistico che serve ad attirare l'attenzione dell'interlocutore ("Lo sai che...");
- riassunto (informazioni sull'argomento del racconto);
- sfondo (informazioni di carattere generale sul racconto);
- eventi salienti (sequenza degli eventi accaduti);
- valutazione del narratore su ciò che è accaduto;
- risoluzione (considerazioni relative a come si sono conclusi gli eventi accaduti);
- coda (informazioni che legano gli eventi passati con il presente).

Il bambino, molto precocemente, fa esperienza di narrazioni personali: l'adulto, conversando con il bambino di 18-20 mesi, racconta ciò che è successo, dando struttura e contenuto alla narrazione e ci si aspetta che il piccolo interlocutore si conformi o ripeta queste informazioni.

Veri e propri esempi di narrazioni personali compaiono solo intorno ai 2 anni e mezzo, quando i bambini ricordano e sanno fare riferimento a esperienze passate durante le conversazioni con gli adulti, senza però saper costruire una struttura coerente (Hudson, Shapiro, 1991). Gli elementi strutturali che compaiono per primi e che rimangono prevalenti nei resoconti di esperienze personali durante l'età prescolare sono quelli di carattere informativo, come il riassunto e l'introduzione, rispetto a quelli di tipo valutativo, tra i quali i più precoci sono le comparazioni ("Come faccio io") e i riferimenti alle reazioni emotive. Intorno ai 4-5 anni i bambini introducono con una certa frequenza anche le conclusioni. Ad esempio, Maria (5 anni) così racconta:

A me mi è successa un'altra cosa: una volta io sono andata sotto per andare a giocare un po' coi pattini. Un micino stava camminando, aveva paura che io stavo andando veloce con i pattini, poi mi ha graffiato. Ma io non volevo passargli sopra: io volevo girare!

Solo a 8 anni, quando aggiungono la coda, i bambini sono in grado di produrre storie personali autobiografiche complete, che contengono tutti gli elementi strutturali caratteristici di questo genere narrativo (Peterson, MacCabe, cit. in Baumgartner, Devescovi, 2001). Per concludere, bisogna fare una considerazione sul carattere contestualizzato delle storie personali che hanno significato solo in una situazione particolare, quella in cui si è verificato l'evento. Inoltre si manifestano solo in ambiti familiari, in cui le storie personali servono a stabilire con l'interlocutore una relazione intima, rendendolo parte di episodi della propria vita personale.

**4.3.3. Le storie fantastiche** Sono narrazioni di eventi che si riferiscono a luoghi, personaggi, tempi che non hanno relazione con la situazione attuale. Proprio per questo loro carattere fittizio, esse implicano da un lato, da parte di chi che le racconta, la capacità di costruirsi rappresentazioni degli eventi, di distinguerli in principali e secondari e collegarli; dall'altro, richiedono conoscenze delle interazioni sociali e la capacità di fare riferimento al punto di vista dell'ascoltatore, ma anche la conoscenza della struttura tipica di questo genere.
La struttura delle storie di fantasia si organizza come una successione di episodi, collegati secondo nessi temporali e causali. L'episodio è la struttura discorsiva fondamentale nelle narrazioni tipiche della

cultura occidentale, caratterizzato da un'organizzazione dei contenuti semantici: una situazione iniziale viene rotta da un evento problematico e/o inatteso; uno o più personaggi compiono tentativi per risolvere il problema e riportare la normalità nella situazione finale, relativamente alla quale il narratore formula un commento (Orsolini, 1995). L'episodio rappresenta uno schema inconsapevole di pianificazione del discorso e offre un "macrocollegamento" semantico tra diverse informazioni del discorso, necessario nella narrazione perché il parlante non interagisce con un interlocutore reale e anche perché nella narrazione il riferimento a luoghi, personaggi, eventi richiede di recuperare alla memoria ciò che è stato detto per collegarlo con ciò che deve essere detto.
Anche Stein e Glenn (cit. in Baumgartner, Devescovi, D'Amico, 2000) considerano la struttura schematica della storia fondata su un intreccio di episodi; ogni episodio si organizza intorno a un obiettivo diretto verso azioni e conseguenze, costituendo al suo interno un "mini-intreccio" o "anche minitrama" composta da inizio (vicenda scatenante), eventi (risposte interne, obiettivi, piani e azioni) e fine (risultati delle azioni, reazioni e valutazioni ai risultati), collegati da relazioni causali, temporali e logiche. La struttura dell'episodio, così come la considera Mandler (cit. in Orsolini, 1995), è anche una conoscenza procedurale, poiché contiene le informazioni su come si deve procedere per costruire una storia; e possiede un'organizzazione sequenziale in categorie portatrici di diversi contenuti, ma la cui successione tende a ripetersi sempre uguale. Secondo i modelli proposti da Kintsch, Mandler e Stein e da Glenn (cit. in D'Amico *et al.*, 2008), cinque sono gli elementi costituenti delle storie di fantasia:

- inizio formale (marcato da segnali discorsivi come "C'era una volta...") e l'introduzione del contesto e dei personaggi;
- evento iniziale (l'evento che scatena tutti gli eventi successivi e che porta il protagonista a prefiggersi uno scopo);
- tentativi dei personaggi per raggiungere lo scopo prefissato;
- risoluzione del problema (raggiungimento dell'obiettivo);
- conseguenze e conclusione.

Questa struttura è vincolante e determinante nel garantire la coerenza della storia e la coesione del racconto. Il linguaggio usato, altamente decontestualizzato, privo di riferimenti a esperienze passate personali, a azioni e oggetti concreti, è ricco di nomi e pronomi personali, di tempi al passato e di segnali discorsivi tradizionali ("C'era una volta...", "E vissero felici e contenti").

Un altro aspetto molto importante dei racconti fantastici è la loro funzione di rendere in forma narrativa le conoscenze sociali, nel senso che essi sono, per le culture orali, un mezzo di trasmissione di conoscenze, valori, insegnamenti morali; ma nello stesso tempo permettono a una cultura di trasmettere ai membri della comunità la propria struttura narrativa, usata per descrivere le proprie rappresentazioni del mondo, le relazioni sociali e gli affetti, le emozioni, i conflitti che le influenzano.

Dal punto di vista dello sviluppo della struttura delle storie di fantasia, esse sembrano comparire intorno ai 4 anni, quando i bambini sono in grado di ricordare, rievocare e riprodurre una storia già sentita, rispettandone la trama, ma non padroneggiando ancora la struttura narrativa propria della storia (Mandler, cit. in Baumgartner, Devescovi, D'Amico, 2000). Ecco come una bambina di circa 4 anni, ad esempio, racconta la classica storia di *Cappuccetto rosso*:

> Cappuccino andò a prendere la mela alla nonna, e poi arrivava il lupo, e dice, toc toc chi è il lupo? sì sono il lupo e Cappuccetto Rosso entra, allora entra, disse il lupo e mangiò la nonna di Cappuccetto rosso. E poi arriva un cacciatore e poi spara al lupo e dopo il lupo va via e dopo uscì tutto.

A quest'età, le prime storie inventate dai bambini appaiono come sequenze descrittive di eventi e azioni collegati temporalmente (Peterson, MacCabe, cit. in Baumgartner, Devescovi, 2001), o anche come cronache, così come le chiama Orsolini (1995), che propone un modello di classificazione delle narrazioni dei bambini di età tra i 4 e i 5 anni che prevede quattro tipi di narrazioni: le *cronache*, mancanti dell'evento iniziale problematico, che contiene sequenze di eventi generici collegati temporalmente; gli *episodi completi*, che sono narrazioni con un evento iniziale problematico, seguito dalla risposta del prota-

gonista e da una conseguenza, ma non presentano eventi intermedi che li collegano; gli *episodi minimi*, i quali hanno una trama minima, determinata dalla presenza di eventi intermedi di collegamento tra evento iniziale, tentativi del protagonista e conseguenza finale; infine gli *episodi completi*, caratterizzati da una sequenza problema-tentativi-conseguenza, ma anche reazioni e risposte emotive dei personaggi, e presentano diversi episodi che si susseguono. Orsolini, nel 1992 (cit. in Baumgartner, Devescovi, 2001), cercò di verificare tale sistema di classificazione delle narrazioni di bambini in una ricerca in cui chiedeva a bambini di 4 e 5 anni, in un contesto di gioco, di inventare e raccontare storie. I bambini avevano a disposizione del materiale, costituito da personaggi e oggetti giocattolo, che dovevano essere inclusi nella storia. Dopo aver narrato la storia, veniva chiesto loro di mimarla. Da questo studio emerse una conferma dei risultati suesposti: risultò che all'età di 4 anni non si può parlare di vere e proprie storie, ma di cronache, semplici e incomplete; e che solo in alcuni casi venivano prodotti episodi completi, difficilmente portati a una conclusione.
Progressivamente, i tentativi dei bambini di costruire storie secondo il modello di Orsolini si complicano; infatti, Botvin e Sutton-Smith, (cit. in Orsolini, 1995), notarono che intorno ai 4-5 anni storie di fantasia sono costituite da episodi minimi in cui un evento intermedio comincia a essere introdotto per collegare uno stato problematico con la risoluzione del problema stesso.
Anche i dati raccolti da Berman e Slobin (1994) confermano le ipotesi formulate fino a questo punto. I due studiosi hanno condotto una vasta ricerca crosslinguistica sulle storie narrate da 218 bambini tra i 3 e i 9 anni, e da 58 adulti di cinque lingue diverse (inglese, tedesco, spagnolo, ebraico, turco), a partire da un libro costituito da 24 figure senza parti scritte, intitolato *Frog, where are you?* (Mayer, 1969), in cui viene narrata la storia di un ragazzo, un cane e una rana. La storia prende il via dalla scomparsa della rana e si articola in una serie di episodi in cui il ragazzo e il cane si trovano coinvolti nei tentativi di ricerca della rana, il cui ritrovamento fa da conclusione alla storia. Nello studio furono individuate tre componenti: *a*) l'inizio della trama (presenza dell'evento scatenante: la scoperta della scomparsa della rana); *b*) lo schiudersi

della trama (l'attuazione di tentativi per risolvere il problema: ricerca della rana); *c*) risoluzione della trama (risoluzione del problema: il ritrovamento della rana). Pochi bambini di 3 anni (17%) introducevano l'evento iniziale, e ancora meno (10%) la risoluzione o conclusione della trama; tra i 4 e i 5 anni, la descrizione dell'evento iniziale cresceva fino a comparire nei due terzi delle storie, mentre i riferimenti alla seconda e alla terza componente erano presenti nel 50% delle storie. Solo a 9 anni i bambini si avvicinavano al livello dell'adulto: tutte le storie presentavano le prime due componenti, mentre solo un terzo dei bambini non riusciva a introdurre un'esplicita chiusura della storia. Parallelamente a questo sviluppo si osservò anche un crescente livello di complessità delle tre componenti: la prima raggiunge un alto livello di menzione (oltre il 75%) dall'età di 5 anni; la seconda componente dall'età di 9 e la terza solo negli adulti. Analogamente, in uno studio più recente condotto su 150 bambini italiani tra i 3 e gli 11 anni, in cui si utilizzava la stessa metodologia D'Amico e collaboratori (2008) hanno rilevato che solo il 32% dei bambini più piccoli definisce il problema, e nessun bambino menziona la risoluzione. A partire dai 5 anni, quasi il 90% delle storie è prodotta in modo completo, e dai 7 anni tutti i bambini raccontano la storia completandola di tutti gli aspetti strutturali: definizione, episodi di ricerca e risoluzione.

Un'altra dimensione lungo la quale si esplica il processo di sviluppo delle narrazioni infantili riguarda la capacità di esprimere valutazioni sul susseguirsi degli eventi e sui personaggi, interpretando le motivazioni e gli obiettivi delle loro azioni e le reazioni emotive agli avvenimenti.

Trabasso (cit. in Berman, Slobin, 1994) osserva che a 3 anni i bambini riferiscono raramente i tentativi di risoluzione del problema attuati dal protagonista e non hanno conoscenza delle relazioni tra azioni e propositi. Solo pochissimi bambini di 4 e 5 anni fanno riferimento agli scopi che guidano le azioni.

Bamberg (1991) ha osservato che, anche se già a 5 anni i bambini sono in grado di esprimere valutazioni nelle loro narrazioni, solo a 9 attribuiscono sistematicamente stati interni ai personaggi, soprattutto emozioni. La presenza di connettivi causali tra i riferimenti agli stati interni e quelli alle azioni dimostra che per questi bambini gli stati interni costituiscono la spiegazione dei comportamenti manifesti dei personaggi. Baumgartner, Devescovi e D'Amico (2000) hanno messo in evidenza che la capacità dei bambini di 3-4 anni di fare riferimento agli stati interni dei personaggi emerge in modo diversificato a seconda delle storie, e da questo punto di vista la narrazione personale risulta essere la situazione più produttiva. Infatti quando parlano della loro vita quotidiana, i bambini sanno fare riferimento ai loro sentimenti e conoscenze anche argomentando e spiegando le proprie attribuzioni psicologiche (ivi, pp. 114-5):

GIULIANA (4 anni) Quando la Federica è andata in un'altra casa e mi sono sentita triste... perché non volevo che andavano via da Montagnano.

CAMILLA (4,3 anni) Un giorno quando io dormivo ho sognato che si sposavano e mi volevo sposare io, ma io ero triste.

I bambini, anche in età prescolare, sono in grado di utilizzare in modo articolato riferimenti psicologici a personaggi di fantasia in situazione dialogica con un coetaneo: il confronto tra pari consente di esplorare le motivazioni degli avvenimenti e gli effetti sui personaggi. Ecco un piccolo dialogo tra Mirko e Julian, 5 anni, che commentano il libro sulla rana.

JULIAN Lui si stava... perché stava a scappa', è grosso, non poteva andare, doveva andare solo sul cavallo, sul cavallo si va.

MIRKO No, non lo voleva buttare, gli è cascato col cane.

JULIAN No, perché il cane è in discesa... lui è casc... ha fatto aiuto sto a cade'.

MIRKO Sta a chiamà il cane, perché lui si è nascosto e non viene più.

JULIAN Qui stava a chiamà a questo, stava a chiamà il cane e lui, lui stava piangendo

MIRKO Forse gli ha fatto male a un occhio.

Gli studi condotti sulla comprensione si sono focalizzati in modo particolare sulle narrazioni fantastiche. Utilizzando varie modalità – rievocazione libera, rievocazione con domande, giudizi sulle storie – le diverse ricerche hanno evidenziato che i bambini intorno ai 3-4 anni rievocano prevalentemente gli aspetti relativi al contesto della storia, all'evento principale e alle conseguenze. A questa età, così come avviene nei racconti che producono spontaneamente, difficilmente i bambini fanno riferimento agli stati interni e alle motivazioni dei personaggi. Tuttavia le loro rievocazioni riportano gli eventi più importanti, cioè quelli che hanno un maggior numero di connessioni causali con gli altri eventi della storia. Inoltre, anche le informazioni non rievocate spontaneamente possono comunque venire espresse in seguito a richieste esplicite. A 6 anni i bambini cominciano a rievocare spontaneamente gli scopi, i sentimenti e le reazioni emotive dei personaggi, capacità che a 10 anni risulta ormai consolidata.

#### 4.3.4. Fattori che influenzano lo sviluppo della competenza narrativa

La capacità del bambino di produrre narrazioni più o meno articolate e complete e di comprenderne i diversi aspetti dipende da numerosi e diversi fattori:

- l'*età*: più il bambino cresce, più diventa capace di esprimersi attraverso il linguaggio e maggiormente padroneggia le forme linguistiche della narrazione;
- il *linguaggio*: è evidente che una maggiore competenza linguistica consente la costruzione di storie migliori;
- il *genere narrativo*: le capacità narrative si manifestano in modo più precoce nella narrazione di eventi personali e di routine, che sono presenti nella comunicazione verbale infantile già nel terzo anno di età. Le narrazioni fantastiche, invece, anche se presenti nel mondo dei bambini come esperienza passiva (racconti degli adulti) fin da età precoci, sono sottoposte a un processo di apprendimento più lungo, e sembrano arrivare a un livello di elaborazione soddisfacente solo in età scolare;
- i *fattori culturali*: la semplice esposizione ai diversi generi narrativi può essere legata al contesto culturale di appartenenza. Ad esempio, secondo uno studio americano del 1983, i bambini di comunità bianche di reddito medio fanno maggiormente esperienza di narrazioni, che consistono in descrizioni di eventi realmente accaduti oppure in storie lette sui libri, mentre i bambini di comunità afroamerica-

ne a basso reddito ascoltano per lo più narrazioni personali. Uno studio successivo, condotto sempre negli Stati Uniti (Baumgartner, Devescovi, D'Amico, 2000), ha rilevato che, indipendentemente dal genere narrativo, le caratteristiche socioculturali di provenienza del narratore possono incidere sulla modalità di narrazione: da questo studio risultava infatti che bambini che frequentavano scuole private, provenienti da famiglie a reddito medio, tendevano in maggior misura a movimentare la sequenza temporale degli eventi e a enfatizzare le motivazioni interne dei personaggi, probabilmente perché nella loro cultura narrare una storia interessante è più importante del raccontare dei fatti. Al contrario, bambini che frequentavano la scuola pubblica, appartenenti a famiglie a reddito basso, tendevano a enfatizzare i dettagli, riflettendo in tal modo l'importanza data alle descrizioni fattuali degli eventi nella cultura di appartenenza;

- le *modalità di interazione* con la madre e con gli educatori possono costituire un ulteriore fattore che favorisce la differenziazione di tali competenze. A questo proposito, Nelson (1973), osservando lo stile di interazione di diverse madri mentre cercavano di sollecitare il proprio bambino a raccontare una storia, ha mostrato come le madri che utilizzavano domande poco direttive e accurate espansioni informative sugli argomenti introdotti dal bambino elicitavano narrazioni maggiormente articolate e ben formate. Altri studi confermano che l'uso da parte dei genitori di domande specifiche per incoraggiare il bambino a proseguire nella narrazione, e l'attenzione a espandere con affermazioni rilevanti gli argomenti da lui proposti hanno effetti positivi sullo sviluppo successivo delle sue abilità narrative, mentre il suggerimento di argomenti da parte dei genitori o le domande su temi particolari sembrano ostacolare piuttosto che favorire i racconti dei bambini;
- la *quantità di esposizione*: si è osservato che la semplice esposizione al racconto di storie produce effetti positivi sulle competenze narrative dei bambini. Infatti l'ascolto di storie raccontate dalla madre sembra favorire l'aumento del numero e della lunghezza delle frasi e l'uso di commenti valutativi nelle narrazioni di bambini prescolari.

# 5. La valutazione dello sviluppo del linguaggio

Nei capitoli precedenti abbiamo descritto il processo di sviluppo dei diversi aspetti dell'abilità comunicativa e linguistica (gesti, parole, frasi, discorsi), indicandone i momenti salienti. Visto da questa prospettiva il percorso sembra snodarsi con una certa regolarità, seguendo un ordine largamente condiviso dai bambini, tuttavia abbiamo avuto anche modo di constatare l'ampia variabilità individuale relativa sia ai tempi che alla modalità e allo stile di apprendimento. I singoli bambini possono perciò presentare profili di sviluppo molto diversi, diventa pertanto cruciale stabilire se un certo tipo di variabilità rientra comunque in un profilo di sviluppo tipico o se invece presenta atipie tali da richiedere un intervento riabilitativo. In questi casi si pone con particolare evidenza il problema di valutare un bambino, cioè di analizzare le sue competenze al fine di inferire il suo livello di sviluppo rispetto a un profilo ritenuto normale, presentato dalla media degli altri bambini della sua età, e di identificare eventuali difficoltà nel raggiungimento di specifiche abilità linguistiche. Oltre che a fini riabilitativi, la valutazione è importante anche in un percorso educativo, ad esempio a scuola, per valutare le competenze dei bambini al fine di programmare gli interventi e valutarne l'efficacia. In tutte le fasi del processo di valutazione occorre fare riferimento alle conoscenze relative alle modalità di acquisizione spontanea del linguaggio e dei fattori che influenzano sia il processo di acquisizione sia l'uso effettivo del linguaggio da parte del bambino. Tali conoscenze entrano in gioco infatti nel momento stesso della scelta del metodo per rilevare i dati linguistici da analizzare, e sono indispensabili per una corretta interpretazione dei dati ottenuti.

**5.1. La scelta del metodo di valutazione** Nei lavori empirici, effettuati sia a scopi di ricerca che a scopi clinici, si fa riferimento a una varietà di metodologie: l'osservazione diretta del bambino mentre gioca tranquillo a casa sua con la mamma o un amichetto, oppure in una stanza di osservazione appositamente attrezzata di un laboratorio di ricerca, l'uso di interviste a genitori o educatori che riferiscono sulle capacità del bambino, la somministrazione ai bambini di prove messe a punto per specifiche esigenze di ricerca oppure di test standardizzati.

Quando si vuole valutare uno specifico bambino, la scelta tra queste metodologie dipende da numerosi fattori. Il primo fattore è la *funzione della valutazione*: se ci si propone di individuare all'interno di una vasta popolazione bambini con problemi di linguaggio (*screening*), o di valutare il livello di sviluppo di un gruppo di bambini allo scopo di mettere a punto un progetto di intervento educativo o di diagnosticare con certezza le difficoltà di uno specifico bambino per definire un percorso riabilitavo (*diagnosi*). Nel primo caso serviranno strumenti che prendano in considerazione diverse aree del linguaggio ma che puntino su pochi indici notoriamente critici nel processo di sviluppo e siano di agile applicazione anche da parte di somministratori non specializzati (genitori, educatori, pediatri). Negli altri casi si ricorrerà a strumenti più articolati e fini e/o a metodi osservativi.

Un altro fattore è l'*età del bambino*: sappiamo infatti che un bambino fino ai 2-3 anni parla poco, e preferibilmente in ambiente familiare. Con bambini di questo livello di età e di abilità linguistica così limitata, l'osservazione è senz'altro da preferire perché la somministrazione di prove di valutazione è molto difficile e spesso poco affidabile: ci possono essere difficoltà di comprensione delle istruzioni necessarie per l'esecuzione del compito, di accettazione e motivazione a eseguirlo, di mantenimento dell'attenzione per il tempo necessario a portare a termine la prova; inoltre, alcuni autori hanno dimostrato che i bambini piccoli spesso rispondono ai compiti che vengono loro proposti con strategie non linguistiche, rendendo difficile stabilire se ciò che si sta valutando è ad esempio la comprensione dell'espressione linguistica loro proposta o della situazione nel suo complesso (D'Odorico, 1990). Tuttavia la valutazione precoce è indispensabile se si pensa che per alcune patologie del linguaggio, come il disturbo specifico di linguaggio e la dislessia, la precocità dell'intervento ha migliorato la situazione, ha ridotto il rischio di cronicizzazione della patologia, con effetti positivi sia sul bambino che sulle famiglie (Vicari, Caselli, 2002).

Le prove strutturate diventano, oltre che più applicabili, indispensabili dopo i 3 anni, quando le abilità linguistiche diventano più ampie e articolate e si pone l'esigenza di studiare in modo differenziato abilità fonologiche, lessicali, morfologiche, sintattiche, pragmatiche.

Un altro fattore riguarda la convinzione di poter *riprodurre intenzionalmente* ciò che si vuole valutare (Camaioni, 1993). Ad esempio, se vogliamo analizzare le competenze conversazionali di un bambino di 4 anni con un adulto, possiamo predisporre una situazione strutturata in cui un adulto opportunamente addestrato rivolgerà al bambino una serie di enunciati precostituiti, valutando il modo in cui il bambino reagisce alle sue sollecitazioni. Viceversa, se ci interessa verificare tale competenza quando il bambino si trova a interagire con un suo pari, sembra proprio impossibile far giocare a un altro bambino di 4 anni il ruolo di provocatore svolto dall'adulto; faremo quindi ricorso all'osservazione di una situazione reale di interazione fra i due bambini.

Anche il *tipo di processo linguistico* che si vuole valutare pone delle restrizioni alla decisione: i metodi osservativi sono infatti particolarmente indicati per studiare la produzione linguistica piuttosto che la comprensione. Nei processi di comprensione infatti vengono utilizzate una quantità di informazioni non linguistiche che vanno a integrare le informazioni verbali: gesti, espressioni del viso, direzione dello sguardo, intonazione, conoscenze precedenti sull'argomento di cui si sta parlando, oggetti e altre caratteristiche della situazione. Ciò è evidente anche per un adulto che impara una lingua straniera: la comprensione nella fase iniziale dell'apprendimento è molto contestualizzata, quando si chiede informazioni per la strada circa la direzione da prendere ci aiutiamo con indicazioni, gesti, osservazione dello sguardo dell'interlocutore. Viceversa, gli annunci tramite altoparlante alla stazione o in aeroporto sono molto più difficili da capire. Queste osservazioni mettono pertanto in evidenza come sia assai problematico capire se la comprensione dimostrata dai bambini

**TABELLA 4**

**Strumenti di valutazione dello sviluppo del linguaggio**

| Titolo e acronimo | Indicazioni bibliografiche | Età destinatari | Descrizione |
|---|---|---|---|
| Il Primo vocabolario del bambino (PVB) | Caselli, Casadio (1995) | Forma rossa: 8-17 mesi | Questionario per i genitori. Comprensione e produzione gestuale e lessicale |
| | | Forma verde: 18-36 mesi | Questionario per i genitori. Produzione lessicale e morfosintattica |
| Questionario sullo sviluppo comunicativo e linguistico nel 2° anno di vita (QSCL) | Camaioni *et al.* (2008) | Forma I: 12-16 mesi | Questionario per genitori e educatori. Comportamenti comunicativi gestuali, vocali e linguistici in contesto |
| | | Forma II: 20 mesi | Questionario per i genitori. Comportamenti comunicativi gestuali, vocali e linguistici in contesto. Vocabolario |
| Test del Primo linguaggio (PL) | Axia (1995) | 12-36 mesi | Comprensione e produzione pragmatica, semantica e sintattica |
| Parole e frasi nel Primo vocabolario del bambino. Nuovi dati normativi fra 18 e 36 mesi e Forma breve del questionario | Caselli, Pasqualetti, Stefanini (2007) | 18-36 mesi | Questionario per i genitori. Produzione lessicale e morfosintattica |
| Parole in Gioco (PinG) | Bello *et al.* (2010) | 19-37 mesi | Produzione lessicale |

| Titolo e acronimo | Indicazioni bibliografiche | Età destinatari | Descrizione |
|---|---|---|---|
| Test di ripetizione frasi (TRF) | Devescovi, Caselli (2002) | 24-48 mesi | Produzione sintattica di frasi di diversa lunghezza e complessità |
| Prove fonologiche per la valutazione del linguaggio infantile (PFLI) | Bortolini (2005) | >24 mesi | Abilità fonetiche e fonologiche |
| Test di valutazione del linguaggio (TVL) | Cianchetti, Sannio Fancello (1997). | 2-6 anni | Comprensione e produzione lessicale e frasale |
| Valutazione dello sviluppo concettuale e semantico (VCS) | Belacchi *et al.* (2010) | 3-5 anni | Contestualizzazione, classificazione, memoria, definizione di parole |
| Prova di comprensione sintattica | Stella (2007) | 3-6 anni | Comprensione del linguaggio verbale, in particolare l'analisi della struttura sintattica e degli elementi morfosintattici e morfogrammaticali (locativi) |
| Prove di valutazione della comprensione linguistica (PVCL) | Rustioni Metz Lancaster (2007) | 3-8 anni | Comprensione di strutture linguistiche semplici e complesse |
| Test di comprensione del testo orale (TOR) | Levorato, Roch (2007) | Forma A: 3-4; 5 anni | Comprensione letterale e inferenziale di storie orali |
| | | Forma B: 4; 6-5; 11 anni | |
| | | Forma C: 6-8 anni | |

TABELLA 4 (*segue*)

| Titolo e acronimo | Indicazioni bibliografiche | Età destinatari | Descrizione |
|---|---|---|---|
| Test di abilità psicolinguistiche (ITPA) | Kirk, McCarthy, Kirk (1968) - Adattamento italiano: Ciotti *et al.* (1997) | 3-10 anni | Diversi livelli di abilità linguistiche (ricezione, espressione, memoria, completamento) indagate attraverso modalità sensoriali diverse (uditivo-vocale, visuo-motorio) |
| Frog Story: Valutazione della competenza narrativa | D'Amico *et al.* (2008) | 3-11 anni | Aspetti strutturali e linguistici della produzione narrativa |
| Peabody – Test di vocabolario recettivo (PPVT-R) | Dunn, Dunn (1981) – Adattamento italiano: Stella, Pizzioli, Tressoldi (2000) | 3; 3-17; 6 anni | Produzione lessicale |
| Test di comprensione grammaticale per bambini (TCGB) | Chilosi, Cipriani (2006) | 3;6-8 anni | Comprensione di strutture morfosintattiche di diversa complessità |
| Test for Reception of Grammar 2 (TROG-2) | Bishop (2003) – Adattamento italiano: Suraniti, Ferri, Neri (2009) | >4 anni | Comprensione grammaticale (morfologia libera e legata, ordine delle parole) |
| Test di sviluppo morfosintattico | Fabbro, Galli (2000) | 4-10 anni | Giudizi di grammaticalità, morfologia derivazionale e verbale, comprensione e produzione sintattica, fluenza verbale |
| Boston Naming Test | Kaplan, Goodglass, Weintraub (1983) - Adattamento italiano: Riva, Nichelli, Devoti (2000) | 6-10 anni | Produzione lessicale |

in una situazione naturale, e pertanto non controllata, sia da considerarsi comprensione linguistica o della situazione.
Un ulteriore fattore rilevante è costituito dalla *disponibilità di strumenti di indagine* ai fini che ci si propone di perseguire. Fino a pochi anni fa, gli strumenti a disposizione per la valutazione dello sviluppo linguistico dei bambini che imparavano l'italiano erano pochi, in particolare quelli per bambini piccoli, indispensabili per effettuare screening precoci dei bambini a rischio. Per questa ragione spesso gli operatori e i ricercatori utilizzavano strumenti messi a punto nelle proprie strutture, con scarsa possibilità di confrontare i risultati con quelli ottenuti in altri centri, oppure traduzioni (non adattate e validate per l'italiano) di strumenti costruiti per altre lingue, quindi non sempre adeguati a valutare le difficoltà specifiche dell'italiano.
A partire dagli anni novanta sono stati però costruiti e validati svariati strumenti originali, pensati specificamente per la nostra lingua e destinati a bambini di diverse età. Di quelli non originali, ma usati frequentemente nei servizi, sono stati operati adattamenti all'italiano, e sono stati pubblicati, insieme allo studio di validazione, oppure ne sono stati pubblicati dati di riferimento. Pertanto attualmente, anche se il panorama di prove strutturate non è ancora completo, è possibile scegliere strumenti adeguati all'età del bambino, alla capacità e al tipo di componente linguistica che si intende indagare. Nella tabella 4 forniamo a titolo indicativo un prospetto di alcuni strumenti che sono largamente utilizzati nei protocolli di valutazione in ambito clinico.

**5.2. L'osservazione diretta** L'osservazione del comportamento spontaneo in un contesto normale e familiare è uno strumento indispensabile per valutare le competenze comunicative del bambino. Vicari e Caselli (2002) osservano che anche nella valutazione effettuata allo scopo di mettere a punto un progetto riabilitativo è opportuna una fase di osservazione del bambino in un contesto libero, o comunque poco strutturato, possibilmente di gioco, affettivamente positivo, in cui il soggetto si senta accettato, rispettato, non giudicato. In questa situazione è possibile osservare la modalità di interazione che stabilisce con l'operatore e di relazione con l'ambiente, la sua autonomia e autostima, la sua capacità di mantenere l'attenzione, l'uso spontaneo delle sue abilità e il modo in cui chiede aiuto all'adulto. Tutti aspetti importanti al fine di comprendere il bambino nella sua individualità.

Una volta scelto di utilizzare l'osservazione, si possono adottare diversi sistemi di rilevazione e registrazione dei dati linguistici.

**5.2.1. Il diario** Il diario consiste nella registrazione quotidiana delle produzioni linguistiche di un bambino tenuto da un genitore o da un altro adulto che lo possa osservare quotidianamente. È un sistema di rilevazione che consente di soddisfare al massimo grado la completezza delle informazioni e l'esigenza di non interferire nella routine quotidiana del bambino. Storicamente è stata la prima forma di rilevazione di dati sullo sviluppo linguistico, utilizzata fin dall'Ottocento da studiosi di vario genere (medici, filosofi, pedagogisti, psicologi) per registrare dati di tipo osservativo-longitudinale sullo sviluppo psicologico e linguistico di bambini che per lo più erano loro figli. Il più noto è forse il diario di Charles Darwin, che osservò lo sviluppo prelinguistico di uno dei suoi figli per individuare in particolare quelle espressioni che l'uomo sembra avere in comune con gli altri animali.

L'uso dei diari fu in seguito molto criticato da un punto di vista metodologico per l'eccessiva "soggettività" dei criteri di rilevazione e la mancanza di esplicitezza e obiettività delle descrizioni in essi contenute. Infatti i criteri di rilevazione possono variare da osservatore e osservatore e anche all'interno dello stesso osservatore, che nel corso del tempo modifica le modalità di registrazione dei dati. Pertanto l'uso dei diari per un certo periodo è stato abbandonato, in favore di tecniche maggiormente controllate.

Tuttavia a partire dagli anni ottanta del Novecento è stata riaffermata la validità delle raccolte diaristiche qualora si assuma che per descrivere il processo di cambiamento e coglierne i passaggi più significativi sia necessaria una registrazione quotidiana, in quanto tali cambiamenti sono così veloci, specie nelle prime fasi dello sviluppo, che si rischia di perdere di vista il processo di sviluppo prolungando gli spazi temporali tra le rilevazioni. Questo strumento si dimostra quindi particolarmente utile per l'analisi delle prime fasi dello sviluppo linguistico, per registrare l'emergere delle prime espressioni comunicative e verbali e per la formazione del vocabolario infantile. Non si può escludere tuttavia il fatto che il genitore-diarista può essere portato a registrare gli eventi singolari, piuttosto che quelli più consistenti; ad esempio negli studi diaristici viene spesso data molta importanza alla rilevazione di errori attribuiti a ipergeneralizzazione di regole (uovi, uomi) o all'errore nell'uso dei pronomi personali (quando il bambino si riferisce a sé stesso con il pronome *tu*), errori molto curiosi, ma che si rilevano estremamente rari nei corpora raccolti tramite strumenti di registrazione. I dati rilevati tramite il diario possono tuttavia costituire un complemento prezioso per quelli raccolti in altro modo (Antelmi, 1997), e tale metodo di rilevazione consente di coinvolgere attivamente i genitori nell'osservazione del bambino.

Per soddisfare i criteri di completezza e obiettività dei dati propri di qualunque rilevazione, è stato suggerito di non limitarsi a registrare solo l'espressione prodotta dal bambino, ma l'intero evento comunicativo, specificando: *a*) lo scopo e/o contenuto dell'espressione usata dal bambino (perché cerca di comunicare); *b*) linguaggio, gesti, espressione del viso usati per comunicare; *c*) luogo in cui viene prodotto l'atto di comunicazione e gli eventi, in particolare gli enunciati dei genitori o di altri interlocutori, che lo precedono e seguono; *d*) tutti gli indici utili all'interpretazione dell'intenzione-contenuto dell'espressione usata dal bambino. In tal modo si possono assicurare l'uniformità e la completezza dei dati raccolti, e quindi la confrontabilità tra dati relativi a bambini diversi ma anche allo stesso bambino in momenti diversi della rilevazione (D'Odorico, 1990). Esempi di studi diaristici, pubblicati in italiano, dello sviluppo comunicativo e linguistico fino ai tre anni si trovano in Shatz (1998) e Lichtner (1999).

**5.2.2. La registrazione tramite schemi di osservazione** Questo tipo di registrazione è un altro metodo di osservazione diretta, dove l'osservatore annota la presenza di comportamenti prestabiliti ed eventualmente riportati su una griglia. Lo schema di osservazione contiene una selezione di contenuti ritenuti criteriali da osservare per il livello cui si vuole condurre l'analisi e per lo scopo valutativo che ci si prefigge, comportamenti che vanno sempre definiti in modo esplicito e non equivoco. Questi strumenti hanno il vantaggio di guidare l'osservatore in modo da limitare al massimo i pericoli della soggettività dell'osservazione. Richiedono però di definire in anticipo l'ambito delle osservazioni e le categorie di codifica.

Uno strumento di questo genere è proposto da Letizia e Sabbadini (cit. in Caselli, Capirci, 2002), che hanno messo a punto per gli operatori una guida all'osservazione del bambino dai 9 ai 12 mesi, età cruciale per lo sviluppo comunicativo, in quanto, come osservano le autrici, si verifica il fondamentale passaggio verso la capacità di assumere la prospettiva dell'altro e di comunicare intenzionalmente. Dall'analisi degli studi sull'emergere dell'attenzione congiunta, in particolare quelli di Tomasello, le autrici hanno strutturato un percorso di osservazione del comportamento del bambino, individuando cinque aree di abilità socio-cognitive ritenute pertinenti agli scopi dell'osservazione: organizzazione attentiva, intenzione comunicativa, processamento visuo-spaziale e uditivo-verbale, pianificazione motoria, abilità cognitive e comunicativo-linguistiche.

Ciascuna di queste aree viene sottospecificata in settori più circoscritti per i quali vengono indicati alcuni comportamenti citeriali da osservare. Ad esempio, nell'area delle abilità cognitive e comunicativo-linguistiche emergenti vengono individuati tre aspetti specifici e per ciascuno di essi viene proposta una lista di comportamenti ritenuti espressione di tale abilità: comprensione (conosce le parti del corpo; comprende ed esegue indicazioni verbali semplici: dammi la tazza, prendi la palla, metti...; dà segnali di cercare nell'ambiente un oggetto nominato non immediatamente visibile o che scompare dalla sua vista); uso di strumenti, di schemi di azione differenziati in base agli oggetti, gioco con oggetti (mangia con il cucchiaio; porta il telefono all'orecchio, spinge le automobiline; lancia la palla); imita le azioni dell'adulto (infila la chiave nella porta e la gira per aprirla; imita giochi proposti dall'adulto). Per ogni comportamento osservato si invita l'osservatore a indicarne la frequenza d'uso, specificata a tre livelli – non ancora, a volte, spesso –, che permettono di qualificarne l'assenza, la semplice comparsa oppure la sistematicità d'uso.

**5.2.3. La rilevazione tramite strumenti di registrazione** Questo genere di rilevazione è, insieme al diario, la metodologia osservativa tradizionalmente più utilizzata nelle ricerche sulle prime fasi della produzione linguistica, in quanto permette la rilevazione di insiemi di dati linguistici che si prestano a essere analizzati da molteplici punti di vista: fonologico, lessicale, morfologico, semantico. Il vantaggio di disporre della registrazione audio e video del comportamento linguistico è autoevidente: non c'è perdita di informazione, si può tornare più volte sul materiale raccolto, permettendone una migliore utilizzazione, si rende possibile ad altre persone verificare i dati e le valutazioni effettuate su di essi. La presenza del video consente inoltre di prendere in considerazione l'interazione fra aspetti non verbali e verbali della comunicazione, che abbiamo osservato essere assai rilevanti in generale, ma in particolare nelle prime fasi dello svliluppo. Utilizzata per osservare longitudinalmente lo sviluppo di singoli bambini, è una modalità di raccolta di dati ricca e informativa, ma estremamente costosa in termini di tempo e fatica necessari per ottenere del materiale affidabile e accurato. È necessario disporre di un tempo congruo di osservazione (almeno 30-60 minuti per ciascuna rilevazione), durante il quale il bambino possa produrre un numero sufficiente di enunciati. È necessario tenere conto della situazione comunicativa: momento della giornata, numero e tipo di interlocutori, tipo di attività; tutte variazioni ambientali che possono influenzare vari aspetti della comunicazione: ad esempio, confrontando le produzioni linguistiche di bambini di scuola materna quando svolgevano insieme tre diverse attività (disegno, costruzione di una casetta e lettura di un libro illustrato), si è constatato che, mentre osservavano il libro, i bambini pronunciavano un maggior numero di enunciati. Anche le costruzioni suscitavano una ricca produzione verbale, mentre il disegno era l'attività che produceva meno interazione. Inoltre, mentre gli enunciati dichiarativi si equivalevano, nella costruzione c'era un uso maggiore di richieste e spiegazioni, e nella lettura una maggiore frequenza di espressioni di consenso (Baumgartner, Devescovi, 2001).

Anche la forma morfosintattica degli enunciati può essere influenzata da aspetti della condizione di osservazione quali l'interlocutore e l'attività: ad esempio, è stata osservata una bimba di 22 mesi che durante l'interazione verbale con un adulto familiare si riferiva a sé stessa e all'adulto utilizzando il nome proprio (e i verbi alla terza persona singolare), producendo in mezz'ora di osservazione due soli pronomi (me, te) mentre, interagendo con una coetanea, nello stesso tempo di osservazione produceva nove pronomi di prima persona e nove di seconda. Un altro bimbo di 3 anni e mezzo, che aveva una buona padronanza dell'uso dei tempi passati del verbo, riservava il passato remoto e l'imperfetto al contesto di narrazione di fiabe e, in misura minore, al gioco simbolico, mentre per riferirsi alle proprie esperienze passate utilizzava il passato prossimo.

Per controllare in parte questi effetti, alcuni ricercatori cercano di variare ove possibile le attività e gli interlocutori nelle condizioni di osservazione; ad esempio, Bloom (1970, p. 16) in uno studio longitudinale di tre bambini, ormai classico, specificava così le modalità di raccolta dei dati:

> Ciascun campione era composto dal linguaggio del bambino: 1. mentre giocava con un gruppo di giocattoli e di libri che tutti e tre i bambini conoscevano solo nelle situazioni di osservazione; 2. mentre mangiava, veniva vestito e, durante la toeletta; 3. mentre giocava con un coetaneo. Le attività prepianificate occupavano all'incirca 1/2 - 2/3 di ciascuna sessione. L'osservatore, che era ben conosciuto dal bambino, era presente nella situazione di osservazione e interagiva liberamente con lui. La madre era presente meno di 1/3 del tempo e il padre solo occasionalmente. La partecipazione dell'osservatore era necessaria per annotare aspetti del comportamento e dell'ambiente utili alla susseguente trascrizione, e per mantenere una relativa uniformità delle sedute di osservazione per i tre bambini.

Le parole di Bloom ci ricordano che la registrazione rappresenta solo la prima fase della raccolta osservativa dei dati, in quanto qualsiasi analisi e valutazione viene operata sulla *trascrizione* degli stessi, operazione assai lunga e complessa, che riporta in campo il problema dell'oggettività e standardizzazione del metodo osservativo, in quanto l'accuratezza e la completezza della trascrizione sono la condizione per una valutazione corretta delle abilità linguistiche dei bambini (Ochs, cit. in D'Odorico, 1990). Negli ultimi anni nuove e avanzate tecnologie sono state messe a punto per analizzare in tempi brevi e con metodologie accurate e affidabili i dati di questo tipo, giungendo a un uso massiccio del computer come mezzo per la trascrizione, l'archiviazione e l'analisi del linguaggio spontaneo dei bambini.

Tra gli strumenti che si sono resi disponibili, il più completo è CHILDES (Child Language Data Exchange System: sistema per lo scambio di dati sul linguaggio infantile). Nato da una proposta di MacWhinney e Snow (per la versione italiana cfr. Bortolini, Pizzuto, 1997) per superare le difficoltà di confronto fra dati appartenenti a raccolte linguistiche di lingue diverse, CHILDES ha subito modifiche, ampliamenti e perfezionamenti, grazie a innumerevoli lavori di revisione, finalizzati all'assemblaggio di dati e alla definizione di criteri metodologici condivisibili. La versione odierna, pubblicata nel 1991, è costituita da tre strumenti: il CHILDES database, il sistema di trascrizione CHAT, e i programmi di analisi CLAN.

Il CHILDES database è un vasto archivio, contenente un ampio e vario campionario di linguaggio parlato relativo a vasti campioni di età, registrato in situazioni molto varie, relativo a diverse lingue. La banca dati del CHILDES include non solo dati relativi a bambini con normale sviluppo, ma anche a bambini con problemi linguistici, adulti con afasia, bambini bilingui, organizzati in sezioni di archiviazione distinte: dati in inglese, dati in altre lingue, narrazioni, disturbi linguistici, acquisizione bilingue. Oggi è possibile accedere al CHILDES database da tutto il mondo, poiché è disponibile su Internet. L'accesso è aperto e gratuito, e si possono copiare dati e file, e inserirvi nuovi dati.

Il sistema CHILDES prevede che tutti i dati siano inseriti nel computer in file in formato standardizzato CHAT, un metodo di riscrittura del linguaggio parlato tramite un insieme di simboli convenzionali che permettono di produrre una trascrizione e codifica del parlato chiara e flessibile e facilità dell'immissione dei dati nel computer. La trascrizione in CHAT è indispensabile per garantire che tali dati possano essere trattati e analizzati senza errori dai programmi CLAN in dotazione del pacchetto software, che consentono di operare numerosi tipi di analisi (lessicali, morfologiche, sintattiche, pragmatiche) in modo automatico.

**5.3. Gli strumenti** La rilevazione dei dati attraverso strumenti di indagine si rivela particolarmente interessante in quanto consente una valutazione mirata di specifiche abilità, di cui si conoscono dati normativi con cui confrontare le prestazioni del bambino da valutare. Come abbiamo osservato, ai bambini al di sotto dei tre anni è difficile somministrare direttamente prove strutturate, ma è possibile in questi casi ricorrere a strumenti di osservazione indiretta da sottoporre ai loro genitori o ad altri adulti che se ne prendono cura. Le prove descritte in questo paragrafo fanno riferimento a ricerche di cui sono stati pubblicati i risultati che possono costituire dati di riferimento oppure a strumenti standardizzati. La tabella 4 a p. 102 riporta un elenco di alcune prove e strumenti standardizzati disponibili in italiano di cui vengono specificati, oltre al titolo e all'eventuale acronimo, riferimenti bibliografici, età dei destinatari e caratteristiche principali.

**5.3.1. Questionari e interviste guidate alle madri** Questi strumenti si sono rivelati particolarmente preziosi per raccogliere informazioni sulle capacità linguistiche e comunicative dei bambini piccoli. Come abbiamo osservato, in questa fase il linguaggio si presenta in modo sporadico e prevalentemente in ambienti familiari, per cui risulta vantaggioso raccogliere informazioni dalle persone che conoscono meglio il bambino e vivono quotidianamente con lui. Questi strumenti sono inoltre utili quando sia necessario raccogliere dati rapidamente e in grande quantità, oppure quando sia necessario operare una valutazione in tempi brevi.

È stata ormai dimostrata in modo convincente l'attendibilità delle risposte ottenute con tali questionari, largamente congruenti con quelle ottenute attraverso osservatori addestrati (validità concorrente).

Inoltre è stato dimostrato che le misure di linguaggio ottenute attraverso questionari somministrati a genitori di bambini di un anno (numero di parole comprese e prodotte, frequenza e contesti d'uso) erano in grado di predire il linguaggio prodotto un anno più tardi (validità predittiva) (Camaioni *et al.*, 1991).
Occorre tuttavia tenere presente che un adulto durante un'intervista potrebbe fornire risposte soggettive, imprecise, distorte anche involontariamente, per conformarsi alle aspettative del ricercatore o per apparire un genitore/educatore competente. Potrebbe inoltre sottovalutare le conoscenze del bambino, come dimostrano sistematicamente di fare le madri di classe sociale bassa. Per limitare questi inconvenienti si sono dimostrate utili una serie di precauzioni: preferire le domande chiuse a quelle aperte, che richiedono per la compilazione una buona capacità di esprimersi per iscritto (quindi un livello di istruzione elevato), e le cui risposte possono essere poco interpretabili, non esaustive e contenere informazioni irrilevanti e/o inutili. Viceversa, le domande chiuse garantiscono risposte complete (nel senso che sono previste tutte le risposte criteriali) e inequivoche, minimizzano il ricorso a risposte irrilevanti (non so, non ricordo) sono più facilmente interpretabili (spesso nei questionari già disponibili sono precodificate) (Camaioni, 1993). Ad esempio, il questionario *Primo vocabolario del bambino* (PVB) di Caselli e collaboratori (Caselli, Casadio, 1995; Caselli, Pasqualetti, Stefanini, 2007), finalizzato a valutare lo sviluppo comunicativo e linguistico dei bambini al di sotto dei 36 mesi, è costituito da liste molto dettagliate di gesti, parole e frasi suddivisi per categorie, tra cui i genitori possono "riconoscere" quelli conosciuti dai bambini (cfr. TAB. 4 a p. 102).
Un'altra precauzione è quella di interrogare i genitori relativamente a capacità attuali e a comportamenti emergenti del bambino, al fine di non obbligarli a sforzi di memoria che potrebbero portare a una rievocazione distorta delle sue abilità. Per questo motivo, il PVB è proposto in due versioni, una relativa ai bambini dagli 8 ai 18 mesi (scheda rossa) e l'altra per quelli dai 16 ai 36 mesi (scheda verde). Nella prima sono comprese liste di azioni, gesti e parole; infatti in questo periodo la comunicazione emerge innanzitutto sul piano gestuale,

compaiono le prime parole e in seguito il repertorio vocale si amplia. Nella scheda rossa sono inoltre presenti domande sulla comprensione linguistica, in quanto questo fenomeno è ancora limitato e facilmente osservabile. La scheda verde è invece orientata esclusivamente sulla produzione (in quanto la comprensione diventa così ampia e generalizzata da non essere più valutabile con la sola osservazione), e sulla comunicazione vocale, che tra i 18 e i 36 mesi viene usata con maggiore frequenza. Inoltre per questi bambini sono previste domande sullo sviluppo morfologico e sulle combinazioni di parole e frasi, in quanto lo sviluppo morfosintattico costituisce il fenomeno attuale ed emergente del periodo osservato.

**5.3.2. Prove per valutare la produzione** Quando le abilità linguistiche dei bambini diventano molto ampie e articolate, non è più sufficiente intervistare gli adulti che li conoscono bene diventa pertanto necessario somministrare delle prove direttamente a loro.

Le prove per valutare la produzione verbale si diversificano tra compiti in cui al bambino viene richiesto di ripetere un determinato modello (un suono, una parola, una frase) e situazioni in cui si forza la produzione attraverso la presentazione di stimoli opportunamente predisposti (oggetti, figure, scritte) allo scopo di valutare la capacità del bambino di produrre strutture linguistiche specifiche in situazione controllata.

Nelle *prove di imitazione o ripetizione* si assume che il modo in cui un bambino ripete una frase, e in particolare i cambiamenti che opera rispetto al modello originale, fornisca degli indizi sul processamento della frase stessa (D'Odorico, 1990). Ad esempio il bambino potrebbe modificare una frase modello ordinando le parole in un modo diverso, omettendone alcune parti e/o inserendone altre. Solitamente la prova viene presentata sotto forma di gioco, ad esempio utilizzando un pupazzo che funge da ricevente delle frasi del bambino. Oppure il gioco cerca di replicare la routine che si stabilisce generalmente fra adulto e bambino durante la "lettura" comune di materiale illustrato, in cui vengono prodotte denominazioni spontanee da parte dei due partecipanti e imitazioni vicendevoli delle espressioni linguistiche.

Date le sue caratteristiche, questo tipo di prova è maggiormente indicato per i bambini in età prescolare. Occorre tenere presente che, utilizzando in prove di questo tipo frasi troppo lunghe, si corre il rischio di interferenze sulle prestazioni provocate da problemi di memoria a breve termine. In italiano è stato pubblicato il Test di ripetizione di frasi (TRF) di Devescovi e Caselli (2002) (cfr. TAB. 4).

Nelle prove di produzione elicitata di solito la produzione linguistica viene ottenuta invitando il bambino a denominare o descrivere oggetti/persone reali o rappresentati in figure. Una prova di denominazione di figure pubblicata in italiano è ad esempio Parole in gioco (PinG) di Bello e collaboratori (2010), in cui vengono utilizzate foto di oggetti, persone e situazioni familiari per elicitare la produzione di nomi e verbi in bambini tra i 19 e i 37 mesi (cfr. TAB. 4).

Nelle prove con figure, lo stimolo bersaglio può venire presentato singolarmente o insieme ad altri che servono a "forzare" la produzione verso l'espressione attesa. Ad esempio, in una prova di produzione di frasi il cui scopo è valutare la capacità di utilizzare le preposizioni, per sollecitare la produzione di una frase come il gatto sta *sulla* sedia, vengono presentate due figure, una che rappresenta la frase attesa e l'altra che rappresenta un gatto sotto una sedia. Si suppone che la presenza del contrasto faciliti una descrizione della figura in cui sia presente un locativo.

Più figure in sequenza possono inoltre sollecitare la produzione di storie, quindi di più frasi connesse tra loro, come ad esempio la *Frog Story* (cfr. TAB. 4), un libro di sole figure utilizzato in numerose ricerche nazionali e internazionali, i cui dati di riferimento italiani sono stati pubblicati da D'Amico e collaboratori (2008). La produzione di storie può venire sollecitata anche scegliendo alcuni personaggi e oggetti emblematici di situazioni specifiche (ospedale, fattoria, scuola, vacanze) da presentare ai bambini in forme predisposte (figure, liste di parole, oggetti-giocattolo) e invitando i bambini a "inventare" una storia su di essi (Orsolini, 1990). Questa prova ha il vantaggio di ottenere un linguaggio più "spontaneo" e di valutare, oltre all'abilità strettamente linguistica di strutturare le frasi e connetterle fra di loro, la capacità di costruire e strutturare un discorso, di dare cioè liberamente alla sequenza di frasi la "forma" di storia, mentre la sequenza di figure "impone" dall'esterno struttura e forma della storia. Lo svantaggio rispetto alla storia illustrata è rappresentato da una minore confrontabilità dei risultati ottenuti con questa metodologia, data l'imprevedibilità delle strutture linguistiche e discorsive usate dai bambini.

**5.3.3. Prove per valutare la comprensione** Valutare i fenomeni legati alla comprensione del linguaggio è compito delicato, data la complessità delle variabili implicate. Il problema principale è rappresentato dall'impossibilità di studiare la comprensione in un contesto spontaneo di comunicazione così come avviene nello studio sulla produzione del linguaggio, essendo infatti molto difficile tenere sotto controllo tutti gli aspetti di cui un soggetto, adulto o bambino, può avvalersi per interpretare un dato messaggio (ad esempio, la direzione dello sguardo dell'interlocutore, la presenza o meno nel contesto dell'oggetto menzionato in una frase, la vicinanza o meno all'oggetto).

Si può valutare la comprensione attraverso un comportamento non verbale come l'*esecuzione di ordini*. Questi possono consistere nella richiesta di azioni di vario genere con oggetti realistici (cappello, bambola, telefono) o astratti. In quest'ultimo caso vengono utilizzate forme geometriche con diverse caratteristiche percettive (ad esempio gettoni quadrati e tondi, grandi e piccoli, di diverso colore). Facendo uso di un numero limitato di oggetti è possibile valutare la comprensione di frasi più o meno complesse, ad esempio: "Prendi il cappello", "Tocca un gettone", "Metti il cappello alla bambola", "Tocca il gettone rosso con il gettone verde".

Altri tipi di prove richiedono invece di *mimare* il significato delle frasi con oggetti giocattolo. Ad esempio, lo sperimentatore dice una frase come: "Il cane insegue il gatto". Il bambino ha a disposizione due piccoli animali di plastica con cui deve mimare l'inseguimento (D'Amico, Devescovi, 1993).

Un altro modo per valutare la comprensione attraverso compiti non verbali è utilizzato dalle prove che richiedono il *riconoscimento* dell'espressione verbale in una sua rappresentazione grafica. Di solito viene richiesta l'identificazione, attraverso l'indicazione, della figura corrispondente all'espressione verbale tra un certo numero di altre (di solito tre) utilizzate come distrattori. Ad esempio data la parola PANE, al bambino viene presentata un'immagine del pane insieme a una che rappresenta l'immagine delle RANE (parola che si differenzia per un fonema), una che rappresenta PASTA O BISCOTTI (stesso campo semantico) e una che rappresenta una parola non legata in nessun modo con la parola indagata. Le prove di riconoscimento vengono utilizzate per valutare la comprensione di singole parole, frasi o brevi storie e hanno il vantaggio di valutare la comprensione da parte del bambino indipendentemente dalla sua capacità di produzione verbale. Prove standardizzate di questo genere relative alla comprensione di strutture frasali di diversa complessità sono ad esempio il Test di comprensione grammaticale per bambini (TCGB) di Chilosi e Cipriani (2006) e le Prove di valutazione della comprensione linguistica (PVCL) di Rustioni Metz Lancaster (2007) e il Test di comprensione del testo orale (TOR) di Levorato e Roch (2007) (cfr. **TAB. 4**).

Per valutare la comprensione di storie si utilizzano anche compiti che richiedono la produzione verbale del bambino stesso, come la risposta a domande (questionari, interviste più o meno strutturate) e la richiesta di rievocare il racconto in questione. Questi strumenti consentono senz'altro un efficace controllo sulla comprensione complessiva della storia. Tuttavia, presentano alcuni limiti: da una parte il problema di formulare domande chiare e comprensibili e non "suggestive", cioè che non suggeriscano in qualche modo la risposta attesa da chi ha formulato la domanda. Dall'altra quello di poter intuire quanto una cattiva risposta o una non buona riformulazione del testo siano da attribuirsi a una scarsa abilità di produzione piuttosto che a una mancata comprensione. Questi problemi possono oscurare la valutazione, rendendo meno limpido il rapporto tra la prestazione in quanto tale (la risposta alle domande, la parafrasi del testo) e l'oggetto di verifica (la comprensione del testo stesso.

**5.4. Relazioni tra prove e processi** Indipendentemente dal metodo di rilevazione del comportamento linguistico prescelto, è opportuno ricordare che diversi contesti di osservazione e/o elicitazione, e quindi diversi tipi di prove, fanno emergere competenze diverse o livelli diversi della stessa capacità. Ad esempio, in uno stesso bambino possono evidenziarsi discrepanze fra gli usi delle flessioni verbali in un compito di rievocazione spontanea di eventi, in una descrizione libera di figure o in una prova di ripetizione. Questi complessi rapporti emergono anche da uno studio di Bloom, Hood e Lightbown (cit. in Devescovi, Caselli, 2002) in cui sono riportati dati relativi a un bambino di 2 anni e mezzo che ripeteva in modo diverso frasi da lui stesso prodotte spontaneamente il giorno precedente. Gli autori hanno anche dibattuto sui vantaggi e gli svantaggi derivanti dall'usare un metodo piuttosto che un altro per valutare le capacità linguistiche dei bambini. Brown (1973, p. 293), ad esempio, analizzando la produzione verbale per identificare i primi stadi dello sviluppo linguistico, osserva che «la valutazione di particolari aspetti della competenza linguistica basata sui risultati sperimentali *data* la presenza della competenza in questione in un periodo più tardo di quanto facciano le valutazioni basate su dati naturalistici». Ciò può essere dovuto, secondo D'Odorico (1990), al fatto che nel linguaggio spontaneo i singoli morfemi vengono prodotti in contesti (strutture) frasali molto familiari, che possono portare a sovrastimare la competenza dei bambini, che non è tale da metterli in grado di generalizzare l'uso degli stessi morfemi ai contesti meno familiari introdotti dalle situazioni strutturate. Viceversa, Hand (cit. in D'Odorico, 1990) sostiene che possa verificarsi anche il fenomeno inverso, e cioè che in situazione spontanea i bambini usino abilità più semplici di quelle che sono in grado di mettere in atto quando vengono stimolati da compiti predisposti a tale scopo. Per questi motivi, se l'obiettivo che ci prefiggiamo è quello di valutare lo sviluppo linguistico di un bambino, sarebbe opportuno basarsi su dati rilevati con metodologie diverse.

Possiamo esemplificare quest'affermazione attraverso le ricerche sull'acquisizione degli articoli in italiano. Intorno ai 3-4 anni, i bambini italiani utilizzano nel loro linguaggio spontaneo la maggior parte degli articoli, e se in una prova strutturata si chiede loro di produrre un articolo prima di un nome (ad esempio denominando una figura), le loro risposte sono corrette nel 97% dei casi a 3-4 anni e nel 99% a 5 anni. In entrambi questi contesti il bambino deve utilizzare l'articolo solamente come portatore di indicazioni grammaticali.

La capacità di discriminare la funzione dell'articolo indeterminativo come indicatore di referente nuovo nel discorso è stata studiata nei bambini italiani analizzandone l'uso rispettivamente a 3-4 e a 5 anni nel raccontare episodi raffigurati in serie di tre figure (Power, Dal Martello, cit. in Devescovi, Bates, 2000). Le storie erano costruite in modo che ciascun referente dovesse essere nominato due volte, la prima come nuovo e la seconda come noto. Ciascun soggetto doveva rivolgersi a un interlocutore coetaneo, seduto davanti a lui dietro a uno schermo, in modo che non potesse vedere le figure. I due interlocutori potevano però vedersi in faccia. I risultati hanno mostrato che già a 3-4 anni i bambini erano sensibili alla diversità di funzioni dei due articoli, in quanto tendevano a introdurre le prime menzioni con l'articolo indeterminativo, e le seconde con quello determinativo; tuttavia, ben il 40% delle volte bambini più piccoli introducevano per la prima volta un referente con un articolo determinativo. I bambini di 5 anni somigliavano di più agli adulti italiani: introducevano la prima volta un oggetto o personaggio con un articolo determinativo solo il 18% delle volte. Ma se si chiedeva ai bambini di 5 anni di raccontare la stessa storia a due interlocutori diversi, prima all'uno e poi all'altro, la seconda volta gli errori nell'uso dell'articolo salivano al 60%. I bambini sembravano perciò distinguere referente dato e referente nuovo in base alle proprie conoscenze e non a quelle dell'interlocutore.

Analoga complessità emerge dal confronto fra comprensione e produzione. In linea di principio, in tutti gli studi sullo sviluppo linguistico si assume che la comprensione preceda la produzione dei vari aspetti del linguaggio. Tuttavia Corrigan (cit. in D'Odorico, 1990) ha messo in evidenza come la forte differenza nelle prestazioni relativa ai due processi possa essere attribuita almeno in parte alla diversità delle metodologie a cui si fa ricorso per la rilevazione dei dati.

Una delle prime ricerche sistematiche volte ad affrontare il confronto fra i due processi risale a molti anni fa: Fraser, Bellugi e Brown (cit. in D'Odorico, 1990) utilizzarono lo stesso materiale-stimolo per valutare sia la comprensione che la produzione. Ad esempio, venivano presentate due figure contemporaneamente: nella prima si vedeva un ragazzo spingere una ragazza, nella seconda viceversa. Nel compito di comprensione lo sperimentatore pronunciava una frase (ad esempio "il ragazzo spinge la ragazza") e chiedeva al bambino di indicare la figura corrispondente. Nel compito di produzione lo sperimentatore indicava una delle due figure e chiedeva al bambino di dire cosa vi vedeva. I risultati indicavano un anticipo della comprensione sulla produzione, ma in seguito Fernald (cit. in D'Odorico, 1990) mise in evidenza che nei due compiti le possibilità di risposta non sono uguali: in comprensione si può solo rispondere giusto o sbagliato, mentre in produzione si possono dare risposte irrilevanti (ad esempio due bambini che giocano). Fraser, Bellugi e Brown avevano compreso fra gli errori anche le risposte irrilevanti. Fernald somministrò nuovamente la prova: prendendo in considerazione solo le risposte giuste e sbagliate, le differenze fra le due prove si annullavamo.

Altre ricerche hanno mostrato come a volte la relazione tra produzione e comprensione vada nella direzione opposta: come abbiamo osservato nel capitolo 3, i bambini italiani intorno ai 3-4 anni producono nel linguaggio spontaneo frasi contenenti gran parte della morfologia verbale di persona; tuttavia, mentre comprendono correttamente il soggetto del verbo quando questo viene presentato isolatamente e tale referente va recuperato nel contesto, non sono in grado di individuarlo in modo adeguato quando è menzionato nella frase o nel discorso precedente, abilità che sembra diventare paragonabile a quella degli adulti solo intorno agli 8 anni.

# 6. Le spiegazioni dello sviluppo del linguaggio

Lo sviluppo del linguaggio è un fenomeno che ha affascinato gli studiosi in tutte le epoche per almeno tre motivi: la capacità di parlare sembra caratterizzare in modo peculiare la specie umana; i bambini imparano a parlare in un tempo relativamente breve: le prime parole compaiono tra i 9 e i 12 mesi e a 3 anni il linguaggio è molto simile a quello degli adulti; qualunque bambino impara la lingua della comunità in cui cresce, indipendentemente dalla stimolazione che riceve.

Filosofi come sant'Agostino e Wittgenstein, biologi come Darwin e Lennenberg, linguisti come Jakobson e Chomsky, psicologi come Piaget e Vygotskij hanno cercato di rispondere agli interrogativi che emergono da tali osservazioni: quali sono le origini del linguaggio? Sono biologicamente predeterminate o sono il risultato di un processo di acquisizione? Quali relazioni esistono con gli altri domini cognitivi e forme di comunicazione presenti nell'uomo? Qual è il ruolo dell'esperienza e dell'interazione sociale nello sviluppo del linguaggio? Come si caratterizza il percorso evolutivo del linguaggio?

Le ipotesi avanzate al riguardo sono diverse e talvolta opposte, anche se riconducibili a indirizzi più generali di pensiero che illustreremo nei paragrafi seguenti.

**6.1. Le origini del linguaggio** Come accade per gli altri aspetti dello sviluppo del bambino, anche nelle spiegazioni sulle origini del linguaggio sono state messe a confronto due posizioni teoriche radicalmente diverse: secondo la prima interpretazione, la capacità di comunicare verbalmente viene acquisita dal bambino dopo la nascita, grazie agli stimoli dell'ambiente; nella seconda interpretazione, la facoltà di linguaggio è considerata innata negli uomini e segue un percorso evolutivo predeterminato nella specie.

Secondo il primo punto di vista il bambino acquisisce il linguaggio semplicemente osservando e tentando di imitare le associazioni tra suoni e significati prodotte dagli adulti. Sant'Agostino, ricordando la sua infanzia, osservava (*Confessioni* 1.8.13, ed. 2007, pp. 18-9):

> Fissavo nella memoria il nome che essi davano a una cosa e il movimento del corpo verso di essa che accompagnava quel suono. Osservavo e tenevo in mente il modo in cui chiamavano quella cosa quando la volevano indicare. [...] così un po' alla volta collegavo le parole, da me udite tante volte e ricorrenti al loro posto in frasi diverse, alle cose delle quali erano segni, ed esprimevo ormai i miei desideri applicandomi con la bocca a quei segni.

L'imitazione gioca perciò un ruolo assai importante in questa concezione dello sviluppo del linguaggio, così come sono importanti gli adulti, che hanno il compito di plasmare il linguaggio del bambino correggendo gli errori che naturalmente seguiranno ai primi tentativi di comunicare o premiando i tentativi corretti.

L'esponente forse più radicale di questa posizione è sicuramente Burrhus Skinner, che con il suo libro *Verbal Behavior* (*Il comportamento verbale*, 1976), pubblicato nel 1957, ha compiuto un poderoso tentativo di inserire l'apprendimento del linguaggio all'interno della teoria psicologica comportamentista. Secondo questa teoria, il comportamento umano è spiegabile nei termini di un meccanismo generale di apprendimento, determinato dall'associazione fra stimoli e risposte agli stimoli stessi (S-R).

L'importanza dell'imitazione come meccanismo di sviluppo in generale, e del linguaggio in particolare, ha trovato conferma nei recenti studi sul funzionamento del cervello condotti grazie a tecniche *elettro-fisiologiche* (MEG, TMS) e di *brain imaging* (PET, fMRI). Grazie a tali tecniche è stato individuato nella corteccia premotoria e parietale delle scimmie (area F5) un particolare tipo di neuroni, con proprietà visuo-motorie, definiti "neuroni specchio". Le ricerche sperimentali hanno dimostrato che essi si attivano nella scimmia sia durante il compimento di atti motori intenzionali, movimenti coordinati da un fine specifico, che coinvolgono la mano e la bocca (afferrare e/o ingerire una nocciolina, protrusione delle labbra) che durante l'os-

servazione delle stesse azioni eseguite da altri. Funzione pertanto di questi neuroni è quella di collegare il riconoscimento alla produzione dei gesti intenzionali, costituendo la base dei comportamenti imitativi. I ricercatori hanno sostenuto che questo meccanismo è alla base della *cognizione sociale*, cioè della capacità di attribuire intenzionalità e significato alle azioni degli altri (Rizzolatti, Sinigaglia, 2006).
Studi sul cervello umano hanno consentito di individuare la presenza dei neuroni specchio in un'area della corteccia motoria dell'uomo, analoga a quella delle scimmie (area 4 di Brodnam); questi si attivano nell'esecuzione/osservazione di movimenti intenzionali oro-facciali, brachio-manuali e oro-laringei. Nel cervello umano tali neuroni si attivano non solo, come nelle scimmie, durante l'esecuzione/osservazione di atti transitivi (AFFERRARE, STRAPPARE, SPOSTARE), ma a differenza delle scimmie nell'uomo il sistema si attiva anche osservando atti intransitivi, quando l'azione è solo mimata. Inoltre, nell'uomo si osserva la funzione di codifica dello scopo con cui un'azione viene messa in atto: si verificano ad esempio attivazioni diverse nel caso in cui una tazza viene afferrata per bere o per essere spostata.
Queste scoperte hanno portato a ipotizzare che le origini del linguaggio umano andrebbero ricercate nell'evoluzione di un sistema di comunicazione dapprima gestuale e in seguito vocale (grazie all'associazione tra gesti e vocalizzazioni) sostenuto da un sistema di apprendimento basato sulle capacità imitative.
La posizione innatista più esplicita è quella assunta da Noam Chomsky, successivamente ripresa anche da altri autori (come Donella Antelmi, Stephen Crain, Maria Teresa Guasti, Nina Hymes, Cecil McKee, Steven Pinker) che hanno contribuito a portare argomenti contrari all'idea che lo sviluppo linguistico sia spiegabile in termini di apprendimento.
In primo luogo si è osservato che il processo di acquisizione non può essere basato unicamente sull'imitazione del linguaggio adulto; infatti gli esempi a cui il bambino è esposto nel breve periodo di tempo in cui impara a parlare (3-4 anni) sono limitati e il linguaggio che il bambino è in grado di produrre in questo lasso di tempo è assai più

ricco di quello a cui è stato esposto. Egli è infatti in grado di formare frasi nuove, che non ha mai udito prima, organizzando le parole in modo originale e creando anche parole nuove (*l'aggiustolaio*, *la dipingitora*). Pertanto, nel corso dello sviluppo non impara parole e frasi, ma si appropria di regole per formare parole e frasi. Una dimostrazione di ciò è costituita dagli errori che i bambini compiono nei primi anni di vita. Verso i 3-4 anni producono parole come: *uovi* invece di *uova*, *uomi* invece di *uomini*, *cadò* invece di *cadde*: questi errori sono determinati da sovrageneralizzazioni di regole e non certo da imitazioni del linguaggio adulto. D'altra parte, tali regole non possono essere nemmeno ricavate dalla lingua parlata dagli adulti, che costituisce l'unica fonte di informazioni linguistiche disponibili: gli esempi cui il bambino è esposto costituirebbero uno stimolo impoverito, privo delle informazioni necessarie all'acquisizione di determinati principi e regolarità propri delle lingue umane (Valian, 2009).

Da queste osservazioni gli autori deducono che la capacità di usare il linguaggio deve risultare da un bioprogramma predeterminato. In altre parole, il bambino alla nascita possiede un ricco bagaglio di conoscenze innate, che comprendono moltissimi aspetti della lingua che il bambino potenzialmente può apprendere. Il bambino è inoltre dotato di un meccanismo di apprendimento predisposto a selezionare, tra queste conoscenze, quelle relative alla specifica lingua cui il bambino è esposto. Secondo questo quadro teorico, in definitiva l'apprendimento del linguaggio non è tanto qualcosa che il bambino *fa* ma qualcosa che gli *succede* grazie al funzionamento del programma biologico di cui è dotato: «L'apprendimento della lingua non è proprio qualcosa che il bambino compie; è qualcosa che a un bambino, posto in un ambiente appropriato, capita, più o meno come il corpo del bambino cresce e matura in modo predeterminato quando gli vengono forniti l'adeguato nutrimento e gli stimoli ambientali» (Chomsky, 1991, p. 4).

Il dibattito attuale ha rigettato la dicotomia fra innato e acquisito, e riguarda più specificamente la definizione di innatezza. Tutti coloro che si occupano di sviluppo del linguaggio sono infatti convinti che

la capacità di comunicare attraverso simboli complessi appartiene in modo specifico alla specie umana.
Anche le stimolanti ricerche condotte su scimpanzé o altri primati non umani addestrati a usare combinazioni di segni e simboli hanno dimostrato che le loro capacità combinatorie si arrestano ben prima dell'abilità raggiunta da un bambino di 3 anni.
Tuttavia, secondo questi autori, «il chiaro riconoscimento che ci sono *delle* predisposizioni non implica necessariamente una posizione innatista forte. Le predisposizioni possono specificarsi in termini dell'architettura delle varie parti del cervello, in termini dei meccanismi computazionali di cui il cervello dispone, e in termini di vincoli spazio-temporali sullo sviluppo cerebrale» (Karmiloff-Smith, 1995, p. 7).
In altre parole, è possibile ipotizzare che il cervello dell'uomo sia strutturato in modo tale da favorire l'uso e l'acquisizione di un sistema comunicativo complesso qual è il linguaggio verbale.

**6.2. Relazioni tra linguaggio e altri domini cognitivi** La complessità del linguaggio verbale e l'apparente unicità di questa forma di comunicazione nel mondo animale, secondo Volterra e Bates (1995, p. 183),

> hanno indotto alcuni studiosi a ritenere che le strutture mentali che rendono possibile l'acquisizione del linguaggio siano [...] discontinue e dissociabili da altri sistemi percettivi e cognitivi, mentre proprio la complessità di tale capacità ha spinto altri studiosi a considerare il linguaggio come un sistema ugualmente innato, ma che coinvolge una riconfigurazione di sistemi mentali e neurali che esistono in altre specie e continuano a svolgere anche alcune funzioni non linguistiche.

Secondo la teoria della discontinuità/dissociabilità, la facoltà di usare il linguaggio è indipendente dalle altre abilità cognitive umane. Questa indipendenza è deducibile proprio dalla peculiarità della struttura e dalla modalità d'uso delle lingue umane: simboli e operazioni linguistiche non sono derivabili da una più generale capacità cognitiva o dall'esperienza, in quanto sono radicalmente diversi da ciò che è pertinente agli altri domini cognitivi. Poiché le categorie linguistiche non sembrano direttamente derivabili dall'esperienza, viene ipotizzata l'esistenza di uno specifico meccanismo innato, preposto all'acquisizione del linguaggio, specifico per il dominio linguistico (specificità di dominio).

Per spiegare il processo di acquisizione del linguaggio, la tradizione innatista negli ultimi trent'anni ha fatto in larga parte riferimento alla Teoria dei principi e parametri (Chomsky, 1980[3]), secondo cui il linguaggio è generato da una facoltà specifica della mente umana, la *grammatica universale* (GU), che contiene i principi universali del linguaggio e i parametri che determinano le possibili variazioni nelle lingue (Bavin, 2009). I principi includono le categorie (ad esempio articoli, nomi, verbi) e le operazioni (ad esempio le regole per ordinare le singole parole in una frase) comuni a tutte le lingue. All'insieme dei principi comuni è associato un numero limitato di parametri distintivi, che spiega le differenze fra le lingue: ad esempio in alcune, come l'italiano, il soggetto della frase può essere omesso ("Nevica", "Ho sete", "Parti?"), mentre in altre, come l'inglese, il soggetto è sempre obbligatorio ("It is snowing", "I am thirsty", "Are you leaving?").

Per illustrarne il funzionamento, la facoltà di linguaggio viene paragonata da Chomsky stesso (1991) a un dispositivo, presente dalla nascita nel cervello del bambino, connesso a una scatola di interruttori, ciascuno dei quali può trovarsi nella posizione di "acceso" o di "spento". Il numero di questi interruttori è finito. Il cervello di ogni bambino posiziona gli interruttori in una qualche precisa configurazione quando viene immerso in un determinato ambiente linguistico. Una volta che queste scelte di posizionamento sono effettuate, si può dire che una persona possieda un certo linguaggio, cioè che la sua facoltà di linguaggio incorpori un particolare sistema cognitivo, una certa configurazione del cervello che opera da tramite fra un suono e un significato secondo una delle possibili vie consentite dalla sua facoltà di linguaggio.

I sostenitori della continuità e interazione fra domini di conoscenza assumono che i processi di acquisizione del linguaggio possano essere spiegati da principi che operano nei diversi domini cognitivi

e che i bambini possano acquisire forme lessicali e grammaticali assimilandole ad altri contenuti comunicativi o a esperienze senso-motorie.
Ad esempio alcuni studiosi (Braine, Bever, Slobin), basandosi sulle teorie di Piaget, concordano sul fatto che nei primi due anni di vita il bambino organizza le sue conoscenze attraverso l'azione diretta sulla realtà stessa. In tal modo egli si forma delle categorie concettuali come quella di agente (colui che compie le azioni), azione (l'intervento attivo di modificazione della realtà compiuto dal bambino stesso) e oggetto (ciò su cui ricade l'azione del bambino). Il passaggio dal contenuto concettuale alla forma linguistica può essere semplice e diretto, e consentire la strutturazione di frasi quali

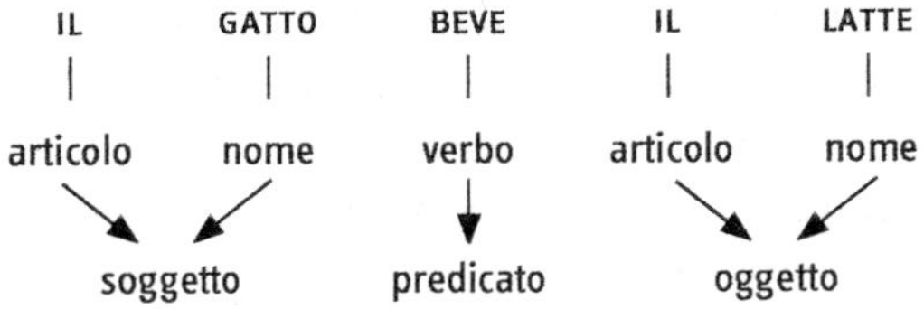


In questo tipo di frasi semplici, l'ordine delle parole e le categorie linguistico-sintattiche riproducono l'organizzazione delle conoscenze concettuali.

agente → azione → oggetto

In altre parole, la struttura dell'esperienza degli eventi transitivi (agente-azione-oggetto) può costituire la base per la costruzione della frase transitiva attiva soggetto-verbo-oggetto (Slobin, 1985). Tuttavia, la forma specifica che questa frase assumerà nel linguaggio del bambino dipenderà dalle caratteristiche formali proprie di ciascuna lingua. Ciò è possibile in quanto esistono predisposizioni universali di carattere percettivo-cognitivo che consentono al bambino di discriminare gli aspetti più regolari, consistenti e frequenti della propria lingua. Uno di questi principi prevede proprio di fare attenzione alla finale delle parole, cosa che consentirà al bambino di incorporare nella propria concezione di soggetto anche la regola di accordo con il verbo.

Pertanto, la categoria di soggetto, come le altre categorie linguistiche (oggetto, verbo, nome ecc.) può non essere presente fin dall'inizio nelle conoscenze del bambino con tutte le caratteristiche formali proprie del linguaggio adulto, ma essere il risultato finale di un lungo processo di acquisizione a cui contribuiscono numerosi fattori che possono peraltro avere importanza diversa a seconda della lingua che il bambino deve imparare.

Secondo questo approccio, proprio l'interazione tra diversi fattori cognitivi, linguistici e, come vedremo in seguito, sociali che caratterizza il processo di acquisizione del linguaggio. Questa interazione è dimostrata anche dal fatto che il processo di acquisizione linguistica può essere condizionato da meccanismi cognitivi più generali. Ad esempio, come emergeva fin dagli studi di Piaget, ed è stato confermato da ricerche più recenti di Bates, Nicolich, Camaioni, Caselli, Volterra, la comparsa delle prime parole è connessa alla comparsa di una più generale capacità simbolica. Tale capacità si riflette anche in altri comportamenti che emergono contemporaneamente, come l'imitazione differita, il gioco di far finta e l'uso di simboli comunicativi gestuali.

La comparsa delle prime parole è legata anche ad altre capacità cognitive, come ad esempio quella di usare strumenti per raggiungere i propri scopi (avvicinare un giocattolo lontano con un bastone), così come successive tappe di sviluppo del linguaggio sono collegate all'evoluzione di altri aspetti del sistema cognitivo. Ad esempio, Bates e i suoi collaboratori hanno dimostrato che modificazioni dell'organizzazione della memoria di lavoro influenzano la capacità (visibile tra i 2 e i 3 anni) di combinare parole in frasi e quella di utilizzare la flessione del verbo come indicatore del soggetto della frase: quest'ultima capacità emergerebbe solo dopo i 6 anni, e non fin dall'inizio come sostengono i linguisti chomskiani, insieme a quella di risolvere problemi complessi pianificando diverse azioni in sequenza.

Queste osservazioni inducono molti studiosi a ritenere che il linguaggio sia il risultato di un lungo percorso di acquisizione, che ha luogo in base a processi e meccanismi non specificamente linguistici e che sono presenti anche in altre specie: la capacità simbolica, l'uso di strumenti, la capacità combinatoria sono infatti presenti, ad esempio, in alcuni primati non umani. Pertanto il linguaggio non è dissociabile dagli altri domini cognitivi.

**6.3. Il ruolo delle interazioni sociali** Qual è il ruolo del contesto e delle relazioni sociali nello sviluppo del linguaggio? Secondo alcuni autori, il processo di sviluppo non è influenzabile dall'intervento dell'adulto; secondo altri, invece, l'ambiente linguistico e quello sociale contribuiscono a orientare tale processo.

Per i sostenitori dell'indipendenza dal contesto dello sviluppo linguistico, l'adulto ha un ruolo molto marginale in tale processo. Differenziandosi in questo ampiamente da Skinner, essi ritengono che l'adulto non possa plasmare in alcun modo il comportamento verbale del bambino: innanzitutto, il linguaggio prodotto dagli adulti costituisce un esempio impoverito, da cui il bambino non può ricavare l'intero repertorio di frasi possibili. Inoltre, quando gli adulti si rivolgono ai bambini, molto raramente correggono le loro espressioni linguistiche. Pertanto, nell'input cui il bambino è esposto non sono presenti evidenze negative (cioè non viene mai detto al bambino quali sono i modi errati di esprimersi), ma solo evidenze positive. Le correzioni, quando sono presenti, riguardano i contenuti e non la forma in cui sono espressi. Ad esempio, se un bambino dice: "Voglio scrivere sulla parete con il pennarello rosso", il "No" dell'adulto che segue questa frase si riferirà all'azione che vuol fare il bambino e non alla forma della frase in sé stessa.

Non sono gli adulti come educatori a plasmare il linguaggio dei bambini, ma il contesto linguistico ha la funzione di innescare i meccanismi biologicamente predeterminati di acquisizione del linguaggio, insiti nel bambino. Soltanto l'esposizione a tale input consente infatti di posizionare correttamente gli "interruttori" della facoltà di linguaggio.

I sostenitori dell'importanza dell'interazione sociale per lo sviluppo del linguaggio criticano l'idea che il linguaggio con cui l'adulto si rivolge al bambino assolva unicamente il ruolo di attivatore dei meccanismi innati. Alcuni autori, ad esempio Catherine Snow, affermano innanzitutto che l'input a cui il bambino è esposto nelle prime fasi di acquisizione del linguaggio non può essere considerato in modo neutro. Esso ha infatti caratteristiche specifiche, strutturali e intonazionali, che sembrano funzionali a mantenere l'attenzione del bambino (tono di voce alto, consistente numero di ripetizioni) e ad adattarsi alle sue capacità (semplificazioni lessicali e sintattiche). In questo filone di ricerca, sono stati prodotti molti studi che, attribuendo al linguaggio materno la funzione di facilitatore del processo di acquisizione linguistica, hanno cercato di verificare l'esistenza di correlazioni tra le modificazioni strutturali operate dalle madri sul linguaggio rivolto ai bambini e il successivo sviluppo linguistico dei bambini stessi.

Altri autori hanno messo in evidenza il ruolo determinante e attivo della realtà sociale sui processi di acquisizione, al punto che è ormai abbastanza acquisita l'idea che la mente funzioni secondo un modello sistemico, all'interno di "menti collettive" identificabili con unità sociali formate da almeno due persone. Da questo punto di vista, è stata rivalutata la funzione dell'adulto, il quale crea contesti controllati di apprendimento, all'interno dei quali viene facilitata l'acquisizione da parte del bambino di abilità diverse, organizzate gerarchicamente secondo livelli variabili di difficoltà.

In questa prospettiva, Bruner ha sottolineato che anche nell'acquisizione linguistica l'interazione controllata, e altamente ripetitiva, che si stabilisce tra adulto e bambino all'interno di tali ambienti consente al piccolo interlocutore di avere chiaro il significato dell'attività condivisa con l'adulto, così da associare facilmente il rapporto tra quanto viene detto e l'attività stessa.

**6.4. Come si caratterizza il percorso evolutivo** Riguardo all'ultimo quesito alcuni autori sottolineano l'uniformità del percorso di sviluppo, indipendentemente dalle lingue cui i bambini sono esposti.

Le ricerche condotte a partire dagli anni settanta hanno contribuito a individuare alcuni momenti critici che sono stati interpretati come vere e proprie tappe dello sviluppo, indipendentemente dalla lingua cui i bambini sono esposti e che imparano: tra gli 8 e i 12 mesi compaiono i primi segni sistematici di comprensione linguistica, intorno al primo compleanno i bambini dicono le prime parole. Dopo i 16 mesi il vocabolario del bambino subisce un significativo incremento che lo porterà, tra i 18 e i 24 mesi, alla produzione delle prime combinazioni di parole e successivamente allo sviluppo della grammatica (cfr. CAPP. 2-3).

Gli autori di ispirazione chomskiana assumono inoltre che le differenze fra le lingue sono praticamente irrisorie, e che le acquisizioni emergono nel linguaggio del bambino improvvisamente, secondo un processo tutto/niente. In altre parole, quando il bambino ha sufficienti informazioni su un certo aspetto della sua lingua, posiziona correttamente l'interruttore e da quel momento userà tale aspetto, che potrà considerarsi acquisito.

Molti ricercatori però, pur concordando che è possibile individuare un percorso comune nell'acquisizione del linguaggio, ne mettono in rilievo la grande variabilità. Negli ultimi anni sono state condotte numerose ricerche in cui sono state messe a confronto lingue diverse. I dati raccolti hanno permesso di riscontrare numerose differenze interlinguistiche.

Ad esempio, è stato confrontato il processo di acquisizione del turco, del serbo-croato e del russo, lingue caratterizzate dalla permanenza dei casi che, come nell'antico latino, specificano il ruolo sintattico dei nomi presenti in una frase (ad esempio il nominativo per il soggetto e l'accusativo per l'oggetto). Dal confronto emerge che i bambini turchi imparano le regole morfologiche della loro lingua prima di quanto facciano i bambini serbo-croati e questi a loro volta prima dei bambini russi.

Osservazioni di questo tipo hanno indotto Slobin, un ricercatore americano che ha coordinanto alcuni dei più importanti progetti di ricerca interlinguistica, ad affermare che occorre fare più attenzione alla diversità delle lingue umane e ai differenti problemi di acquisizione posti da lingue di diverso genere. Ogni lingua infatti costitui-

sce in sé stessa un insieme complesso di conoscenze che deve essere scoperto e strutturato nei suoi propri termini (Slobin, 1985).
Altri dati che confermano la variabilità nel percorso di sviluppo provengono dagli studi condotti su bambini che imparano la stessa lingua: essi hanno evidenziato sia una differenza nella velocità di apprendimento (ad esempio a 12 mesi alcuni bambini capiscono solo 10 parole e altri 200).

**6.5. Diversi approcci allo sviluppo linguistico** Dal confronto tra le diverse posizioni assunte dagli studiosi in relazione ai quesiti posti, emergono tre approcci teorici allo sviluppo linguistico.

- *Approccio innatista/modularista.* Secondo questo primo approccio, la capacità di linguaggio è specie-specifica e, comparendo improvvisamente nell'uomo, permesso il formarsi di questa abilità complessa. Le strutture e i meccanismi mentali che consentono l'acquisizione e l'uso del linguaggio sono innati, non derivabili dall'esperienza e dalle relazioni sociali, dominio-specifici, diversi da quelli che sono preposti alle altre funzioni percettive e cognitive. In questo senso, strutture e meccanismi mentali possono ritenersi come incapsulati in "moduli" distinti, ognuno preposto a una specifica funzione (linguaggio, percezione, memoria ecc.) e non comunicanti fra di loro (Fodor, 1988). Da queste assunzioni discende che il percorso evolutivo è universale e caratterizzato da discontinuità fra periodo prelinguistico e linguistico da una parte e fra le diverse tappe di acquisizione dall'altra. L'input linguistico ha il ruolo di innescatore di meccanismi biologici preprogrammati e l'intervento dell'adulto non può modificarne il percorso.
- *Approccio epigenetico.* Chiamato anche *interazionismo* o *costruttivismo*, questo approccio fa riferimento a Jean Piaget, il quale sosteneva che la logica e la conoscenza emergono da interazioni successive tra l'attività sensomotoria e un mondo strutturato, e ai più recenti approcci circa l'apprendimento e lo sviluppo del cervello chiamati "connessionismo", "elaborazione parallela distribuita" oppure "reti neurali" (Rumelhart, McClelland, 1986; Elman *et al.*, 1996). Per i sostenitori di questo approccio la capacità di linguaggio si è evoluta

gradualmente da capacità preesistenti, condivise con gli altri primati non umani. L'evoluzione ha reso possibile una riconfigurazione di tali capacità, che possono venire interpretate come predisposizioni innate allo sviluppo linguistico. Il linguaggio è qualcosa che possiamo realizzare grazie a un cervello grande e sofisticato che si è sviluppato per far fronte ai molti e complessi obiettivi della società e della cultura umana (Deacon, 2001). La costruzione di una lingua può realizzarsi con una vasta gamma di strumenti – cognitivi, percettivi e sociali – che potrebbero non essersi sviluppati esclusivamente per il linguaggio. Tra queste predisposizioni innate si possono includere: l'attenzione selettiva per le caratteristiche proprie del volto umano, la sensibilità alle caratteristiche fonetiche della voce umana e a quelle prosodiche delle lingue, l'abilità nell'imitare ciò che altri fanno, la capacità di segmentare stimoli uditivi rapidi, l'interesse per l'attenzione congiunta (guardare insieme gli stessi avvenimenti, condividere nuovi oggetti solo per il piacere di farlo). Secondo Karmiloff-Smith (1995), si può ipotizzare che con il tempo i circuiti cerebrali vengano progressivamente selezionati per eseguire differenti computazioni dominio-specifiche relative al linguaggio. Pertanto la presenza di moduli specifici sarebbe dovuta a un processo di sviluppo e non a una dotazione innata.

- *Approccio sociocognitivo.* Questo approccio enfatizza il ruolo determinante e attivo della realtà sociale sui processi di acquisizione del linguaggio. Per gli autori che sostengono questa teoria, lo sviluppo del linguaggio non potrebbe avere luogo senza la partecipazione congiunta dei piccoli umani e degli adulti che si prendono cura di loro a pratiche comunicative prelinguistiche culturalmente determinate (Bruner, 1992). Secondo Tomasello (1998), le lingue umane sono prodotti culturali che incorporano sia aspetti della cognizione coinvolti nel loro funzionamento, sia le finalità comunicative per la cui realizzazione esse si sono evolute. Gli aspetti cognitivi più rilevanti coinvolti nello sviluppo linguistico sono l'architettura della mente infantile e la modalità di funzionamento dei processi di apprendimento. Secondo Tomasello (2003), in primo luogo, le rappresentazioni concettuali dei bambini piccoli sono organizzate in termini di strutture di eventi composti di azioni e di ruoli che riflettono in qualche modo la preesistente organizzazione di attività culturali; in secondo luogo i bambini sono capaci di apprendimento culturale, nella forma di apprendimento imitativo, che rende possibile l'acquisizione di simboli comunicativi per i diversi aspetti di queste strutture di eventi. Ad esempio, dalle diverse forme di attività comune con l'adulto emerge l'acquisizione di simboli la cui valenza grammaticale implica ruoli concettuali (verbi), e di simboli che marcano tali ruoli (causa, agente, paziente). La proposta di strutture di eventi e di apprendimento culturale come basi del primo linguaggio infantile si richiama all'assunto di Vygotskij secondo cui l'ontogenesi della cognizione umana, specialmente i processi mentali superiori, è fondamentalmente un'impresa sociale. I piccoli umani si sviluppano così come sono sia perché crescono in un contesto culturale sia perché la loro capacità di apprendimento si avvantaggia di queste strutture culturali. Anche Bruner ritiene che l'acquisizione delle forme grammaticali sia legata alla struttura degli eventi, in particolare a quella degli eventi sociali, espressa linguisticamente in forma di narrazione: la struttura narrativa è insita nella prassi dell'interazione sociale ben prima di trovare espressione linguistica, ma la sua realizzazione discorsiva richiede l'accessibilità di specifiche forme grammaticali.

# Bibliografia

## Letture consigliate

### Capitolo 1

Per un approfondimento delle questioni teoriche relative alla comunicazione e al linguaggio si vedano l'introduzione al tema contenuta nel volume di T. DE MAURO, *Prima lezione sul linguaggio*, Laterza, Roma-Bari 2002, e il manuale di SIMONE (2005). L'approccio zoosemiotico al tema della comunicazione animale e umana è proposto in F. CIMATTI, *Mente e linguaggio negli animali*, Carocci, Roma 2002. Sulle lingue dei segni usate dalle comunità dei sordi, cfr. RUSSO CARDONA, VOLTERRA (2007).

### Capitolo 2

I temi relativi al passaggio dalla comunicazione non intenzionale a quella intenzionale e all'interazione madre-bambino sono trattati nel capitolo 2 del manuale a cura di CAMAIONI (2001) e in LAVELLI (2007). Per gli aspetti relativi allo sviluppo fonetico e fonologico e alla costruzione della parola, cfr. ORSOLINI (2000). Il primo sviluppo comunicativo è illustrato in CASELLI, CASADIO (1995).

### Capitolo 3

La relazione gesto-parola è affrontata nel capitolo di M. C. Caselli e V. Volterra in VICARI, CASELLI (2002). Per un approfondimento sulle prime combinazioni di parole e lo sviluppo frasale, cfr. il manuale a cura di CAMAIONI (2001, capp. 4-5).

### Capitolo 4

Un approfondimento teorico sul pensiero narrativo si trova in BRUNER (1992), mentre gli aspetti relativi allo sviluppo della capacità conversazionale sono trattati in M. S. BARBIERI, S. DI SANO, *Lo sviluppo della competenza pragmatica*, Liguori, Napoli 2008.

### Capitolo 5

Le problematiche relative alla valutazione dello sviluppo del linguaggio si possono approfondire in L. LENA, A. PINTON, B. TROMBETTI, *Valu-*

*tare linguaggio e comunicazione*, Carocci, Roma 2009. La valutazione del linguaggio all'interno di una più ampia prospettiva neuropsicologica è esposta nei capp. 4 e 8 del volume a cura di S. VICARI, M. C. CASELLI, *Neuropsicologia dello sviluppo*, il Mulino, Bologna 2010.

**Capitolo 6**

Per un approfondimento delle teorie sullo sviluppo del linguaggio si rimanda ad alcuni testi fondamentali di autori rappresentativi: J. PIAGET, *Il linguaggio e il pensiero nel fanciullo*, Giunti-Barbera, Firenze 1968; L. S. VYGOTSKIJ, *Pensiero e linguaggio*, Laterza, Roma-Bari 1990; CHOMSKY (1991); S. PINKER, *L'istinto del linguaggio*, Mondadori, Milano 1997; KARMILOFF-SMITH (1995); DEACON (2001); M. TOMASELLO, *Le origini culturali della cognizione umana*, il Mulino, Bologna 2005.

## Riferimenti bibliografici


AIELLO R. (2001), *Dal gesto alla frase*, in M. E. Favilla (a cura di), *Comunicazione e sordità. Atti della giornata di studio*, Edizioni Plus, Pisa, pp. 33-42.

ANOLLI L. (2006), *Fondamenti di Psicologia della comunicazione*, il Mulino, Bologna.

ANTELMI D. (1997), *La prima grammatica dell'italiano*, il Mulino, Bologna.

AXIA G. (1995), *Il test del primo linguaggio*, Organizzazioni Speciali, Firenze.

BAMBERG M. S. (1991), *Narrative Activity as Perspective Taking: The Role of Emotional, Negotiations, and Voice in the Construction of the Story Realm*, in "Journal of Cognitive Psychotherapy", 5, pp. 275-90.

BATES E. (1976), *Language and Context: The Acquisition of Pragmatics*, Academic Press, New York.

EAD. (1979), *The Emergence of Symbol: Cognition and Communication in Infancy*, Academic Press, New York.

BATES E., BRETHERTON I., SNYDER L. (1988), *From First Words to Grammar: Individual Differences and Dissociable Mechanisms*, Cambridge University Press, Cambridge.

BAUMGARTNER E. (2002), *Il gioco*, Carocci, Roma.

BAUMGARTNER E., DEVESCOVI A. (2001), *I bambini raccontano*, Erickson, Trento.

BAUMGARTNER E., DEVESCOVI A., D'AMICO S. (2000), *Lessico psicologico nell'infanzia*, Carocci, Roma.

BAVIN E. L. (ed.) (2009), *The Cambridge Handbook of Child Language*, Cambridge University Press, Cambridge.
BELACCHI C., BENELLI B. (2007), *Il significato delle parole*, il Mulino, Bologna.
BELACCHI C. *et al.* (2010), *Valutazione dello sviluppo concettuale e semantico in età prescolare*, Erickson, Trento.
BELLO A. *et al.* (2010), *Parole in gioco*, Organizzazioni Speciali, Firenze.
BERMAN R., SLOBIN D. (1994), *Relating Events in Narratives*, Lawrence Erlbaum Associates, Hillsdale (NJ).
BEVER T. G. (1970), *The Cognitive Basis for Linguistic Structures*, in J. R. Hayes (ed.), *Cognition and the Development of Language*, Wiley, New York, pp. 279-352.
BISHOP D. V. M. (2003), *Test for Reception of Grammar: TROG-2*, Harcourt Assessment, London (adattamento italiano: S. Suraniti, R. Ferri, V. Neri, Organizzazioni Speciali, Firenze 2009).
BLAKE J. (2000), *Routes to Child Language*, Cambridge University Press, Cambridge.
BLOOM L. (1970), *Language Development: Form and Function in Emerging Grammar*, The MIT Press, Cambridge (MA).
BORTOLINI U. (1995), *Lo sviluppo fonologico*, in G. Sabbadini (a cura di), *Manuale di neuropsicologia dell'età evolutiva*, Zanichelli, Bologna, pp. 203-41.
EAD. (2002), *Indici prelinguistici dello sviluppo fonologico e lessicale*, in Caselli, Capirci (2002), pp. 63-79.
EAD. (2005), *Le prove per la valutazione fonologica del linguaggio infantile*, Edizioni del Cerro, Pisa.
BORTOLINI U., PIZZUTO E. (a cura di) (1997), *Il progetto CHILDES Italia*, Edizioni del Cerro, Pisa.
BROWN R. (1973), *A First Language: The Early Stages*, Harvard University Press, Cambridge (MA).
BRUNER J. (1978), *Dalla comunicazione al linguaggio*, in L. Camaioni (a cura di), *Sviluppo del linguaggio e interazione sociale*, il Mulino, Bologna, pp. 75-112.
ID. (1987), *Il linguaggio del bambino*, Armando, Roma.
ID. (1992), *La ricerca del significato*, Bollati Boringhieri, Torino.
BUTTERWORTH G., FRANCO N. (1990), *Motor Development: Communication and Cognition*, in A. F. Kalverboe *et al.* (eds.), *Motor Development in Early and Later Childhood: Longitudinal Approaches*, Cambridge University Press, Cambridge, pp. 153-65.

BUTTERWORTH G., JARRETT N. (1991), *What Minds Have in Common in Space: Spatial Mechanism Serving Joint Mention in Infancy*, in "British Journal of Developmental Psychology", 9, pp. 55-72.

CAMAIONI L. (1993), *Manuale di psicologia dello sviluppo*, il Mulino, Bologna.

EAD. (a cura di) (1995), *La teoria della mente*, Laterza, Roma-Bari.

EAD. (1997), *The Emergence of Intentional Comunication in Ontogeny, Phylogeny and Pathology*, in "European Psychologist", 2, 3, pp. 216-25.

EAD. (a cura di) (2001), *Psicologia dello sviluppo del linguaggio*, il Mulino, Bologna.

CAMAIONI L. *et al.* (1991), *Costruzione e validazione di uno strumento per rilevare lo sviluppo comunicativo-linguistico nel secondo anno di vita*, in "Giornale Italiano di Psicologia", 3, pp. 419-37.

CAMAIONI L. *et al.* (2008), *Questionario sullo sviluppo comunicativo e linguistico nel secondo anno di vita*, Organizzazioni Speciali, Firenze.

CAPIRCI O. *et al.* (1996), *Gestures and Words during the Transitition to Two-Word Speech*, in "Journal of Child Language", 23, pp. 645-73.

CARRUBBI S., GAGLIANO A., D'ODORICO L. (2000), *Il comportamento verbale nel secondo anno di vita: uno studio longitudinale*, in "Rassegna di Psicologia", 2, pp. 85-100.

CASELLI M. C., CAPIRCI O. (a cura di) (2002), *Indici di rischio nel primo sviluppo di linguaggio*, FrancoAngeli, Milano.

CASELLI M. C., CASADIO P. (1989), *Il primo vocabolario del bambino: gesti e parole a 14 mesi*, in "Età Evolutiva", 33, pp. 32-41.

EADD. (1995), *Il primo vocabolario del bambino*, FrancoAngeli, Milano.

CASELLI M. C., CASADIO P., BATES E. (1999), *A Comparison of the Transition from First Word to Grammar in English and Italian*, in "Journal of Child Language", 26, pp. 69-111.

CASELLI M. C., PASQUALETTI P., STEFANINI S. (2007), *Parole e frasi nel "Primo Vocabolario del bambino". Nuovi dati normativi fra 18 e 36 mesi e Forma breve del questionario*, FrancoAngeli, Milano.

CHILOSI A. M., CIPRIANI P. (2006), *TCGB: Test di Comprensione grammaticale per bambini*, Edizioni del Cerro, Pisa.

CHOMSKY N. (1980[3]), *Le strutture della sintassi*, Laterza, Roma-Bari.

ID. (1991), *Linguaggio e problemi della conoscenza*, il Mulino, Bologna.

CIANCHETTI C., SANNIO FANCELLO G. (1997), *TVL/Test di valutazione del linguaggio*, Erickson, Trento.

CIPRIANI P. *et al.* (1993), *L'acquisizione della morfosintassi in italiano. Fasi e processi*, Unipress, Padova.

CLARK E. (2003), *First Language Acquisition*, Cambridge University Press, Cambridge.

CRYSTAL D. (1985), *A Dictionary of Linguistics and Phonetics*, Basil Blackwell, Oxford.

D'AMICO S., DEVESCOVI A. (1993), *Processi di comprensione nei bambini italiani: l'interpretazione della frase semplice*, in Cresti, Moneglia (1993), pp. 117-52.

D'AMICO S. *et al.* (2008), *La valutazione della competenza narrativa in bambini prescolari e scolari attraverso un libro illustrato*, in "Rivista di Psicolinguistica Applicata", VIII, 1-2, pp. 73-90.

DEACON T. W. (2001), *La specie simbolica*, G. Fioriti, Roma.

DE MAURO T. (2002[8]), *Linguistica elementare*, Laterza, Roma-Bari.

DEVESCOVI A., BATES E. (2000), *Il linguaggio*, in N. Dazzi, G. Vetrone (a cura di), *Psicologia. Introduzione per le scienze umane*, Carocci, Roma, pp. 239-76.

DEVESCOVI A., CASELLI M. C. (2002), *Una prova di ripetizione di frasi per la valutazione del primo sviluppo grammaticale*, in "Psicologia Clinica dello Sviluppo", V, 3, pp. 341-64.

DEVESCOVI A., D'AMICO S. (2001), *Lo sviluppo della morfosintassi*, in Camaioni (2001), pp. 117-52.

DEVESCOVI A., PIZZUTO E. (1996), *Lo sviluppo grammaticale*, in G. Sabbadini (a cura di), *Manuale di neuropsicologia dell'età evolutiva*, Zanichelli, Bologna, pp. 270-85.

DEVESCOVI A. *et al.* (1998), *The Development of Sentence Comprehension in Italian and Serbo-Croatian: Local vs. Distributed Cues*, in F. Hillert (ed.), *Syntax and Semantics*, vol. 31, *Sentence Processing: A Cross-Linguistic Perspective*, Academic Press, New York, pp. 345-77.

DE VINCENZI M. *et al.* (1999), *Parsing Strategies in Children Comprehension of Interrogative Sentences*, in S. Bagnara (ed.), *European Conference on Cognitive Science: Conference Proceedings*, Istituto di Psicologia del CNR, Roma, pp. 301-8.

D'ODORICO L. (1990), *Analisi e valutazione dello sviluppo linguistico*, in L. Camaioni, F. Simion (a cura di), *Metodi di ricerca in psicologia dello sviluppo*, il Mulino, Bologna.

D'ODORICO L., CARUBBI R. (1997), *Dalle espressioni di una sola parola alle prime combinazioni di parole. Forme di transizione nel processo di acquisizione della lingua italiana*, in "Età Evolutiva", 57, pp. 26-39.

DUNN L. M., DUNN L. M. (1981), *Peabody Picture Vocabulary Test - Revised*,

American Guidance Service, Circle Pines (MN) (adattamento italiano: G. Stella, C. Pizzioli, P. Tressoldi, Omega, Torino 2000).

ELMAN J. *et al.* (1996), *Rethinking Innateness: A Connectionist Perspective on Development*, The MIT Press, Cambridge (MA).

FABBRO F., GALLI R. (2000), *Test dello sviluppo morfosintattico*, Ghedini, Milano.

FADDA R. (2008), *La comunicazione nell'interazione con partner diversi*, in M. S. Barbieri, S. Di Sano (a cura di), *Lo sviluppo della competenza pragmatica*, Liguori, Napoli, pp. 183-205.

FODOR J. H. (1988), *La mente modulare*, il Mulino, Bologna.

GOLINKOFF R., HIRSH-PASEK K. (2001), *Il bambino impara a parlare*, Raffaello Cortina, Milano.

GRAZZANI GAVAZZI I., CALVINO E. (2000), *Competenze comunicative e linguistiche*, FrancoAngeli, Milano.

HART S. (1998), *Il linguaggio degli animali*, Mondadori, Milano.

HAUSER M. D., CHOMSKY N., FITCH W. T. (2002), *The Faculty of Language: What Is It, Who Has It, and How Did It Evolve?*, in "Science", 298, pp. 1569-79.

HUDSON J. H., SHAPIRO L. R. (1991), *From Knowing to Telling: The Development of Children's Script, Stories and Personal Narratives*, in A. McCabe, C. Peterson (eds.), *Developing Narrative Structure*, Lawrence Erlbaum Associates, Hillsdale (NJ).

JAKOBSON R. (1966), *Saggi di linguistica generale*, Feltrinelli, Milano.

KAPLAN E., GOODGLASS H., WEINTRAUB S. (1983), *The Boston Naming Test*, Lea & Febiger, Philadelphia (adattamento italiano: D. Riva, F. Nichelli, M. Devoti, *Una batteria di valutazione del linguaggio orale nel bambino afasico: normative italiane e considerazioni cliniche*, in "Giornale di Neuropsichiatria dell'Età Evolutiva", 20, 2000, pp. 37-50).

KARMILOFF-SMITH A. (1995), *Oltre la mente modulare*, il Mulino, Bologna.

KARMILOFF K., KARMILOFF-SMITH A. (2002), *I sentieri del linguaggio*, McGraw, Milano.

KIRK S. A., MCCARTHY J., KIRK W. D. (1968), *The Illinois Test of Psycholinguistic Abilities*, University of Illinois, Urbana (adattamento italiano: F. Ciotti *et al.*, Omega, Torino 1997).

LAVELLI M. (2007), *Intersoggettività. Origini e primi sviluppi*, Raffaello Cortina, Milano.

LECCE S., PAGNIN A. (2007), *Il lessico psicologico. La teoria della mente nella vita quotidiana*, il Mulino, Bologna.

LEVORATO M. C., ROCH M. (a cura di) (2007), *TOR 3-8: Test per la valutazione della comprensione del testo orale*, Organizzazioni Speciali, Firenze.
LICHTNER M. (1999), *Le prime parole*, Meltemi, Roma.
LYONS J. (1987³), *Lezioni di linguistica*, Laterza, Roma-Bari.
MAYER M. (1969), *Frog, Where Are You?*, Dial Press, New York.
MCNEILL D. (ed.) (2000), *Language and Gesture*, Cambridge University Press, Cambridge.
MELTZOFF A. N., MOORE M. K. (1994), *Imitation, Memory, and the Representation of Persons*, in "Infant Behavior and Development", 17, pp. 83-99.
MONEGLIA M., CRESTI E. (a cura di) (1993), *Ricerche sull'acquisizione dell'italiano*, Bulzoni, Roma.
IDD. (1997), *L'intonazione e i criteri di trascrizione del parlato infantile*, in Bortolini, Pizzuto (1997), pp. 57-90.
NELLI C. (1998), *L'acquisizione della morfologia in un bambino italiano: fasi di un percorso evolutivo*, in "Studi di Grammatica Italiana", 17, pp. 229-362.
NELSON K. (1973), *Structure and Strategy in Learning to Talk*, in "Monographs of the Society for Research in Child Development", 149, 38, pp. -2.
ORSOLINI M. (1990), *Episodic Structure in Children's Fantasy Narratives*, in "Language and Cognitive Processes", 5, pp. 53-79.
EAD. (1995), *L'acquisizione delle competenze pragmatiche dei bambini*, in G. Sabbadini (a cura di), *Manuale di neuropsicologia dell'età evolutiva*, Zanichelli, Bologna, pp. 286-309.
EAD. (a cura di) (2000), *Il suono delle parole*, La Nuova Italia, Firenze.
ORSOLINI M., FANARI R., DI GIACINTO P. (1994), *La comprensione dei pronomi clitici nei bambini*, in "Giornale Italiano di Psicologia", 5, pp. 733-59.
PARISI D. (1977), *Linguaggio e contesto sociale*, La Nuova Italia, Firenze.
PARKER T. S., GIBSON K. R. (eds.) (1990), *"Language" and Intelligence in Monkeys and Apes: Comparative Development Perspectives*, Cambridge University Press, Cambridge.
PIZZUTO E. (2001), *La LIS dopo venti anni di ricerche*, in M. E. Favilla (a cura di), *Comunicazione e sordità. Atti della giornata di studio*, Edizioni Plus, Pisa, pp. 17-31.
PIZZUTO E., CASELLI M. C. (1994), *The Acquisition of Italian Verb Morphology in a Cross-Linguistic Perspective*, in Y. Levy (ed.), *Other Children Other Languages: Issues in the Theory of Language Acquisition*, Lawrence Erlbaum Associates, Hillsdale (NJ), pp. 137-85.

PONTECORVO C. (1993), *La condivisione della conoscenza*, Giunti, Firenze.
RIZZOLATTI G., ARBIB M. A. (1998), *Language within Our Grasp*, in "Trends in Neurosciences", 21, pp. 188-94.
RIZZOLATTI G., SINIGAGLIA C. (2006), *So quel che fai. Il cervello che agisce e i neuroni specchio*, Raffaello Cortina, Milano.
RUMELHART D. E., MCCLELLAND J. L. (eds.) (1986), *Parallel Distributed Processing: Explorations in the Microstructure of Cognition*, The MIT Press, Cambridge (MA).
RUSSO CARDONA T., VOLTERRA V. (2007), *Le lingue dei segni*, Carocci, Roma.
RUSTIONI METZ LANCASTER D. (2007), *Prove di valutazione della comprensione linguistica*, Organizzazioni Speciali, Firenze.
SANT'AGOSTINO, *Confessioni*, Barbera, Siena 2007.
SAVAGE-RUMBAUGH S., LEWIN R. (1994), *Kanzi: The Ape at the Brink of the Human Mind*, Wiley , New York.
SAVAGE-RUMBAUGH S. *et al.* (1993), *Language Comprehension in Ape and Child*, in "Monographs of the Society for Research in Child Development", 233, 58, pp. 3-4.
SCOLLON R. (1976), *Conversations with a One-Year-Old*, University Press of Hawaii, Honolulu.
SEYFARTH R., CHENEY D. (1990), *The Assessment by Vervet Monkeys of Their Own and Another Specie's Allarm Calls*, in "Animal Behaviour", 40, pp. 754-64.
SHATZ M. (1998), *Diario dei primi passi*, il Mulino, Bologna.
SIMONE R. (2005), *Fondamenti di linguistica*, Laterza, Roma-Bari.
SKINNER B. (1976), *Il comportamento verbale*, Armando, Roma.
SLOBIN D. (ed.) (1985), *The Cross-Linguistic Study of Language Acquisition*, Lawrence Erlbaum Associates, Hillsdale (NJ).
STELLA G. (2007), *Prova di comprensione sintattica*, Omega, Torino.
STERN D. (1995), *La costellazione materna*, Bollati Boringhieri, Torino.
STOKOE W. C. (2000), *Models, Signs and Universal Rules*, in "Sign Language Studies", 1, 1, pp. 10-6.
TABOSSI P. (1999), *Il linguaggio*, il Mulino, Bologna.
TAESCHNER T., VOLTERRA V. (1986), *Strumenti di analisi per una prima valutazione del linguaggio infantile*, Bulzoni, Roma.
TOMASELLO M. (1997), *Primate Cognition*, Oxford University Press, Cambridge.
ID. (1998), *The New Psychology of Language: Cognitive and Functional Approaches of Language*, Lawrence Erlbaum Associates, Mahwah (NJ).

ID. (2003), *Constructing a Language: A Usage-Based Theory of Child Language Acquisition*, Harvard University Press, Cambridge (MA).

ID. (2009), *Le origini della comunicazione umana*, Raffaello Cortina, Milano.

TOMASELLO M., BATES E. (eds.) (2001), *Language Development*, Blackwell, Malden (MA).

VALIAN V. (2009), *Innateness and Learneability*, in Bavin (2009), pp. 15-34.

VENDER C. *et al.* (1981), *Un test di ripetizione frasi*, in "Neuropsichiatria Infantile", 234-244, pp. 819-39.

VICARI S., CASELLI C. (a cura di) (2002), *I disturbi dello sviluppo. Neuropsicologia clinica e ipotesi riabilitative*, il Mulino, Bologna.

VOLTERRA V., BATES E. (1995), *L'acquisizione del linguaggio in condizioni normali e patologiche*, in G. Sabbadini (a cura di), *Manuale di neuropsicologia dell'età evolutiva*, Zanichelli, Bologna, pp. 183-202.

## Altri volumi pubblicati nelle Bussole

Andrea Pintus
**Psicologia sociale e multiculturalità**

Vincenzo Caretti,
Daniele La Barbera (a cura di)
**Le nuove dipendenze: diagnosi e clinica**

Miranda Occhionero
**Il sogno**

Giorgio Caviglia, Raffaella Perrella
**La schizofrenia: diagnosi, teorie, terapie**

Stefano Cacciamani
**Psicologia per l'insegnamento (nuova ed.)**

Mario Rossi Monti,
Alessandra D'Agostino
**L'autolesionismo**

Marino Bonaiuto,
Fridanna Maricchiolo
**La comunicazione non verbale (nuova ed.)**

Stefano Passini, Davide Morselli
**Psicologia dell'obbedienza e della disobbedienza**

Alberto Dionigi, Paola Gremigni
**Psicologia dell'umorismo**

Emma Baumgartner
**Il gioco dei bambini (nuova ed.)**

Maria Rosa Baroni
**I processi psicologici dell'invecchiamento (nuova ed.)**

Paola Bastianoni,
Alessandra Simonelli,
Alessandro Taurino
**Il colloquio psicologico (nuova ed.)**

Giuliana Mazzoni
**Psicologia della testimonianza**

Serena Mastroberardino
**L'intervista cognitiva**

Gianluca Gini,
Tiziana Pozzoli
**Gli interventi anti-bullismo**

Nicola Mammarella,
Alberto Di Domenico
**La memoria autobiografica**

Alfredo Civita
**L'inconscio**

Piero Salzarulo,
Fiorenza Giganti
**L'anziano e il sonno**

Giovanna Leone
**La riconciliazione tra gruppi**

Mario Rossi Monti,
Alessandra D'Agostino
**Il suicidio**